501～700 期总目索引

（1998．2—2014．9）

文物编辑部　编

 文物出版社

图书在版编目（CIP）数据

文物：501～700 期总目索引／文物编辑部编．—北京：

文物出版社，2018.6

ISBN 978－7－5010－5601－9

Ⅰ.①文⋯ Ⅱ.①文⋯ Ⅲ.①文物—期刊—期刊索引—中国

Ⅳ.①Z89②K85

中国版本图书馆 CIP 数据核字（2018）第 119297 号

文物 501～700 期总目索引

编　　者：文物编辑部

责任编辑：吴　然　耿　昀

封面设计：程星涛

责任印制：梁秋卉

出版发行：文物出版社

社　　址：北京市东直门内北小街 2 号楼

邮　　编：100007

网　　址：http：//www.wenwu.com

邮　　箱：web@wenwu.com

经　　销：新华书店

印　　刷：北京京都六环印刷厂

开　　本：787mm×1092mm　1/16

印　　张：9

版　　次：2018 年 6 月第 1 版

印　　次：2018 年 6 月第 1 次印刷

书　　号：ISBN 978－7－5010－5601－9

定　　价：55.00 元

本书版权独家所有，非经授权，不得复制翻印

说 明

一 本索引收录《文物》第501～700期（1998年第2期至2014年第9期）的全部篇目。

二 本索引包括四部分。第一部分"论述及研究"，收录研究性篇目和专题篇目。第二部分"考古及文物资料"，收录综合性的考古文物发现资料等。第三部分"博物馆展览与陈列"，收录博物馆展览信息。不宜收入以上三部分的篇目，收录在第四部分"其他"中。

三 第一部分包括若干类目。篇目以类相从，以发表先后为序。

四 第二部分按省区归纳，省区以2018年的国家行政区划标准顺序排列，涉及海外的收入"其他"中，以发表先后为序。

五 篇名后加"[M]"者，表示有英文目录；加"[T]"者，表示有英文提要。

六 篇目后的数字顺序代表所在的年、期、页码。

七 本索引后设有作者姓名索引，作者姓名包括人名和单位名称，以汉语拼音为序，少量原文发表时没有标出作者姓名的篇目略去。作者姓名后的数字为本索引的页码，页码后圆圈内的数字为此作者在本页文章的篇数。

目 录

一 论述及研究

(一) 综 述 …………………………………………………………………… 1

1. 理论、方法 …………………………………………………………… 1
2. 综合研究 …………………………………………………………… 1
3. 书刊评介 …………………………………………………………… 8
4. 学术动态 …………………………………………………………… 10

(二) 专 题 …………………………………………………………………… 12

1. 古文字与青铜器 …………………………………………………… 12

   古文字 …………………………………………………………… 12

   甲骨卜辞 …………………………………………………………… 12

   青铜器及铭文 …………………………………………………… 13

   玺印、封泥 …………………………………………………………… 20

   陶文及其他 …………………………………………………………… 21

2. 陶 瓷 …………………………………………………………… 22

   陶 器 …………………………………………………………… 22

   瓷 器 …………………………………………………………… 22

   陶瓷俑 …………………………………………………………… 25

   陶瓷窑 …………………………………………………………… 26

目录

3. 碑　志 ……………………………………………………… 28

碑　刻 ……………………………………………………… 28

墓志、地券 ……………………………………………… 30

4. 书籍、文书 ……………………………………………………… 31

简　牍 ……………………………………………………… 31

帛　书 ……………………………………………………… 36

文书、档案、经卷 ……………………………………… 36

信札、日记、题记 ……………………………………… 37

版本、印刷 ……………………………………………… 37

5. 书画、雕刻 ……………………………………………………… 38

绘　画 ……………………………………………………… 38

书　法 ……………………………………………………… 39

壁　画 ……………………………………………………… 40

岩　画 ……………………………………………………… 41

画像石、画像砖、砖石雕刻、雕塑 …………………………… 41

6. 城址、古建筑 …………………………………………………… 43

城　址 ……………………………………………………… 43

古建筑 ……………………………………………………… 45

建筑材料 …………………………………………………… 49

7. 宗教文物 ………………………………………………………… 49

造像、塑像 ………………………………………………… 49

石窟寺 ……………………………………………………… 52

塔、幢及其他 ……………………………………………… 53

8. 经　济 ………………………………………………………… 55

货　币 ……………………………………………………… 55

度量衡 ……………………………………………………… 56

农业、水利 ………………………………………………… 56

商业、交通 ……………………………………………………… 56

9. 文化、生活 ……………………………………………………… 57

玉石器 ……………………………………………………… 57

铁 器 ……………………………………………………… 58

金银器 ……………………………………………………… 58

兵 器 ……………………………………………………… 59

镜 鉴 ……………………………………………………… 61

漆 器 ……………………………………………………… 62

琉璃器 ……………………………………………………… 62

染织、服饰 ……………………………………………………… 62

家具、文具 ……………………………………………………… 63

乐舞、戏剧 ……………………………………………………… 63

工艺品及其他 ……………………………………………………… 64

10. 古代科技 ……………………………………………………… 64

天文、历法 ……………………………………………………… 64

地 理 ……………………………………………………… 65

矿冶、铸造 ……………………………………………………… 65

造 纸 ……………………………………………………… 66

车马、船舶、机械 ……………………………………………… 66

其 他 ……………………………………………………… 67

11. 文物保护与科技考古 ……………………………………………… 67

二 考古及文物资料

（一）北京市 ……………………………………………………… 71

（二）河北省 ……………………………………………………… 71

（三）山西省 ……………………………………………………… 72

（四）内蒙古自治区 ……………………………………………… 76

目录

（五）辽宁省 ………………………………………………………………… 76

（六）吉林省 ………………………………………………………………… 77

（七）黑龙江省 ……………………………………………………………… 77

（八）上海市 ………………………………………………………………… 77

（九）江苏省 ………………………………………………………………… 77

（一〇）浙江省 ……………………………………………………………… 81

（一一）安徽省 ……………………………………………………………… 83

（一二）福建省 ……………………………………………………………… 84

（一三）江西省 ……………………………………………………………… 84

（一四）山东省 ……………………………………………………………… 85

（一五）河南省 ……………………………………………………………… 87

（一六）湖北省 ……………………………………………………………… 95

（一七）湖南省 ……………………………………………………………… 96

（一八）广东省 ……………………………………………………………… 97

（一九）重庆市 ……………………………………………………………… 98

（二〇）四川省 ……………………………………………………………… 99

（二一）云南省 …………………………………………………………… 101

（二二）陕西省 …………………………………………………………… 101

（二三）甘肃省 …………………………………………………………… 105

（二四）宁夏回族自治区 ………………………………………………… 107

（二五）新疆维吾尔自治区 ……………………………………………… 107

（二六）其 他 …………………………………………………………… 109

三 博物馆展览与陈列

四 其 他

附录：文物501～700期总目索引·作者姓名索引…………………………… 112

一 论述及研究

(一) 综 述

1. 理论、方法

题目	作者	年份	期	页
中国考古学世纪的回顾与前瞻 [M][T]	张忠培	1998	3	27
胶东考古记 [M][T]	严文明	1998	3	37
芮邦的考古学观察	陈 淳	1998	7	46
夏商周年代学研究的历史任务 [M][T]	李学勤	1999	3	49
夏商周断代工程考古课题的新进展 [M][T]	李伯谦	1999	3	52
人文科学与自然科学的结合——在"现代科技考古研讨会"上的发言	俞伟超	1999	5	53
文明起源研究的回顾与思考 [M][T]	严文明	1999	10	27
关于考古学研究中国文明起源的理论与方法 [M]	陈 雍	2001	2	80
考古学与中国历史的重构 [M][T]——为纪念北京大学考古专业成立五十周年而作	北京大学考古文博学院	2002	7	75
论"中国文明的起源"	张光直	2004	1	73
聚落形态研究与中华文明探源 [M]	王 巍	2006	5	58
比较考古学的方法论思考	周繁文	2012	4	90

2. 综合研究

题目	作者	年份	期	页
五千年中国艺术的文化基础 [M][T]	俞伟超	1998	2	16

论述及研究·综述·综合研究

题目	作者	年份	期	页
良渚文化分布范围的探讨［M］［T］	黄宣佩	1998	2	21
关于南北朝时青州考古的思考［M］［T］	杨 泓	1998	2	46
文物出土与书画鉴定［M］［T］	薛永年	1998	2	64
略论汉代礼仪用玉的继承与发展［M］［T］	卢兆荫	1998	3	43
秦汉陵寝［M］［T］	黄展岳	1998	4	19
略论晋侯邦父及其名、字问题	冯 时	1998	5	31
再论石寨山文化［M］［T］	蒋志龙	1998	6	31
室即墓室	杨爱国	1998	9	69
汉代列侯的家吏——兼谈马王堆三号墓墓主	傅举有	1999	1	86
式、穹隆顶墓室与覆斗形墓志［M］［T］——兼谈古代墓葬中"象天地"的思想	赵 超	1999	5	72
论东北文化区及其前沿	郭大顺	1999	8	57
论龟为水母及有关问题［M］［T］	饶宗颐	1999	10	35
谈中国汉唐之间葬俗的演变［M］［T］	杨 泓	1999	10	60
建国以来西方古器物在我国的发现与研究［M］［T］	孙 机	1999	10	69
试论唐至明代官式建筑发展的脉络及其与地方传统的关系［M］［T］	傅熹年	1999	10	81
澳门半岛最古老的文化［M］［T］	邓 聪	1999	11	28
濠镜澳、澳门与Macao等的名实源流考辨［M］［T］	谭世宝	1999	11	33
环珠江口新石器时代晚期考古学遗存的编年与谱系［M］［T］	卜 工	1999	11	48
澳门、珠海史前文化探索［M］［T］	萧一亭	1999	11	57
蓟运河上游地区史前文化遗存初探	文启明	1999	11	67
河南武陟大司马遗址出土人骨	潘其风	1999	11	72
苏秉琦与21世纪考古学［M］ 张忠培	李 季	1999	12	35
以中原为中心的历史趋势的形成［M］［T］	赵 辉	2000	1	41
中国古代的剥头皮风俗及其他［M］［T］	陈星灿	2000	1	48
思想史视野中的考古与文物［M］［T］	葛兆光	2000	1	74
麴氏王国军事制度新探［M］［T］	王 素	2000	2	77
入山与出塞［M］［T］	李 零	2000	2	87

论述及研究·综述·综合研究

题目	作者	年份	期	页
中国史前"旋目"神面图像认读 [M][T] …………………	王仁湘	2000	3	26
近十年西藏考古的发现与研究 [M][T] …………………	霍 巍	2000	3	85
湘西北澧阳平原新旧石器过渡时期遗存与相关问题 [M][T]				
…………………………………………………………	裴安平	2000	4	24
礼县大堡子山秦公墓地及有关问题 [M][T] …………………	戴春阳	2000	5	74
窥探凌家滩墓地 [M][T] ………………………………………	张忠培	2000	9	55
试论永兴店文化 …………………………………………………	魏 坚	2000	9	64
辽宁省博物馆征集入藏一套辽代彩绘木棺 [M][T] …………	赵晓华	2000	11	63
夏商周断代工程1996~2000年阶段成果概要 [M][T]				
…………………………………………………	夏商周断代工程专家组	2000	12	49
论历史文化名城北京的古代城市规划及其保护 [M][T] ……	徐苹芳	2001	1	64
北周安伽墓围屏石榻之相关问题浅见 ………………………………	韩 伟	2001	1	90
试论中国早期文明诸社会因素的物化表现 [M][T] …………	朱凤瀚	2001	2	70
"连续"中的"断裂"[M]				
——关于中国文明与早期国家形成过程的思考 ……………	许 宏	2001	2	86
南京仙鹤观东晋墓出土文物的初步认识				
………………………………………… 王志高 周裕兴	华国荣	2001	3	80
隋及唐初并州的萨保府与粟特聚落 [M][T] …………………	荣新江	2001	4	84
北京石景山区八角村魏晋壁画墓出土人骨的观察研究 …………	潘其风	2001	4	92
赵宝沟文化聚落形态及相关问题研究 [M][T] ………………	刘国祥	2001	9	52
从西汉楚王墓的建筑结构看楚王墓的排列顺序 [M][T] ……	梁 勇	2001	10	71
中国古代书写姿势演变略考 [M][T] …………………………	张朋川	2002	3	85
也谈聚落形态考古 …………………………………………………	贾伟明	2003	1	82
明代亲王葬制的几个问题 ………………………………………	王纪潮	2003	2	63
桂南地区大石铲新探 ………………………………………………	容达贤	2003	2	66
"敬吏"当为"敬事" ………………………………………	郝士宏	2003	3	93
半坡和庙底沟文化关系研究检视 ……………………………	王仁湘	2003	4	26
史前人口研究初论 …………………………………………………	王建华	2003	4	35
南京梁萧伟墓墓阙原状研究 [M] ………… 朱光亚 贺云翱	刘 巍	2003	5	89
马王堆三号墓主的再认识 ………………………………………	陈松长	2003	8	56
"高祖"考 ………………………………………………………	曹 玮	2003	9	32

论述及研究·综述·综合研究

题目	作者	年份	期	页
徐显秀墓与北齐晋阳 …………………………………………………	渠传福	2003	10	50
关于唐姚无陂墓墓主的下葬时间 ……………………………………	邓文宽	2003	12	42
从《孩儿诗》到百子图 …………………………………………………	扬之水	2003	12	56
江苏金坛三星村新石器时代墓葬中的人口统计与研究 ………………………………………………………………………	张 君 王根富	2004	2	54
关中地区十六国墓的初步认定 ——兼谈咸阳平陵十六国墓出土的鼓吹俑 ………	岳 起 刘卫鹏	2004	8	41
重庆峡江地区的四种新石器文化 ……………………………………	赵宾福	2004	8	54
礼县大堡子山秦陵墓主再探 ………………………………………………	祝中熹	2004	8	65
战国燕墓的非燕文化因素及其历史背景 ……………………………	郑君雷	2005	3	69
西汉陵墓研究中的两个问题 [M][T] ……………………………	黄展岳	2005	4	70
关于小河沿文化的几点认识 ………………………………………………	赵宾福	2005	7	63
从重庆地区考古材料看巴文化融入汉文化的进程 ………………	蒋晓春	2005	8	71
左弋外池 [M][T] ——秦始皇陵园 K0007 陪葬坑性质蠡测 ……………………	焦南峰	2005	12	44
中国古代屈肢葬谱系梳理 [M] …………………………………………	韩建业	2006	1	53
内蒙古和林格尔县新店子墓地古代居民的食谱分析 ………………………………………………………	张全超 朱 泓 胡耀武 李玉中 曹建恩	2006	1	87
汉水流域四座南北朝墓葬的时代与归属 ……………………………	韦 正	2006	2	33
有关清凉寺墓地的几个问题 [M][T] ……………… 王晓毅	薛新明	2006	3	63
从"以旧城为中心发展"到"发展新区，保护旧城" ——探讨历史城区保护的科学途径与有机秩序（上）[M] ………………………………………………………………………	单霁翔	2006	5	45
从"大拆大建式旧城改造"到"历史城区整体保护" ——探讨历史城区保护的科学途径与有机秩序（中）[M] ………………………………………………………………………	单霁翔	2006	6	36
史前棺椁的产生、发展和棺椁制度的形成 [M] ………………	栾丰实	2006	6	49
论早期都邑 [M] ……………………………………………………	董 琦	2006	6	56
"明器"的理论和实践 ——战国时期礼仪美术中的观念化倾向 [M] ……………	巫 鸿	2006	6	72

论述及研究·综述·综合研究

从"大规模危旧房改造"到"循序渐进，有机更新"

——探讨历史城区保护的科学途径与有机秩序（下）［M］

…………………………………………………………… 单霁翔 2006 7 26

从商周"集中公墓制"到秦汉"独立陵园制"的演化轨迹［M］

…………………………………………………………… 赵化成 2006 7 41

汉阳陵从葬坑初探［M］ ………………………………………… 焦南峰 2006 7 51

山西横水西周墓地研究三题 ………………… 吉琨璋 宋建忠 田建文 2006 8 45

中国的史前基础

——再论以中原为中心的历史趋势 ………………………… 赵 辉 2006 8 50

周公庙遗址的考古所获及所思 …………………………………… 徐天进 2006 8 55

楚都探索的考古学观察 ………………………………………… 王红星 2006 8 63

东胡人种考 ………………………………………………………… 朱 泓 2006 8 75

北福地与磁山

——约公元前 6000～前 5000 年黄河下游地区史前文化的格局

……………………………………………………… 段宏振 张渭莲 2006 9 52

渭水流域仰韶文化分期问题 …………………………………… 张宏彦 2006 9 62

南汉德陵考证 ……………………………………………………… 全 洪 2006 9 79

史前私有制的起源

——湘西北澧阳平原个案的分析与研究 …………………… 裴安平 2007 7 75

湖北黄陂盘龙城李家嘴二号墓发掘的补充资料

…………………………………………… 盘龙城遗址博物馆筹建处 2007 8 93

湖南望城风篷岭汉墓年代及墓主考 ……………………………… 何旭红 2007 12 56

湖南望城蚂蚁山明墓的特殊现象及相关问题研究 ……………… 黄朴华 2007 12 61

关于二里头遗址的省思 …………………………… 许 宏 刘 莉 2008 1 43

论"景之定"及有关史事［M］[T] ……………………………… 李学勤 2008 2 56

曾国铜器的发现与曾国地域 …………………………………… 张昌平 2008 2 59

文化遗产保护科学技术发展辩证思考［M］

——写在中国文化遗产研究院成立之际 …………………… 单霁翔 2008 3 56

咸阳塬上"秦陵"的发现和确认 …………………… 刘卫鹏 岳 起 2008 4 62

重庆忠县邓家沱阙的几个问题［M］[T] …………………… 孙 华 2008 4 73

白马非白马氏 ……………………………………………………… 后晓荣 2008 4 89

论述及研究 · 综述 · 综合研究

篇名	作者	年份	期	页
酒封小考	望　野	2008	6	85
楚"镇墓兽"为"祖重"解	高崇文	2008	9	54
礼县大堡子山秦子"乐器坑"相关问题探讨	赵化成　王　辉　韦　正	2008	11	54
神道、徼道、司马门道——西汉帝陵道路初探	焦南峰　杨武站　曹　龙	2008	12	52
试论唐代长安佛教寺院的等级问题［M］［T］	宿　白	2009	1	27
中国古代文明演进的两种模式［M］——红山、良渚、仰韶大墓随葬玉器观察随想	李伯谦	2009	3	47
河北邯郸赵王陵二号陵出土的战国文物	赵建朝　李海祥	2009	3	89
渭北西汉帝陵布局设计之观察	杨哲峰	2009	4	61
西安张家堡新莽墓出土九鼎及其相关问题	张小丽	2009	5	53
唐李墓前遗址性质讨论	张　蕴　卫　峰	2009	7	48
略论磨沟齐家文化墓地的多人多次合葬［M］［T］	钱耀鹏　朱芸芸　毛瑞林　谢　焱	2009	10	62
张家川马家塬墓地相关问题初探	王　辉	2009	10	70
良渚与陶寺［M］——中国历史南北格局的滥觞	宋建忠	2010	1	44
吴越贵族墓葬的甄别研究［M］	张　敏	2010	1	61
宗庙道、游道、衣冠道［M］——西汉帝陵道路再探	焦南峰	2010	1	73
"生器"的概念与实践［M］	巫　鸿	2010	1	87
金沙遗址的初步分析［M］	江章华	2010	2	39
长沙西汉渔阳墓相关问题刍议	宋少华	2010	4	59
丹扬王墓主考	王银田	2010	5	44
芮国史事与考古发现的局部整合［M］［T］	张天恩	2010	6	35
"骊山之作未成"的考古学观察	张卫星	2010	6	43
陶瓷业窑神再研究［M］	刘　毅	2010	6	49
试论马王堆一号汉墓用鼎制度	张闻捷	2010	6	91
汉代艺术中的羽人及其象征意义	贺西林	2010	7	46

论述及研究·综述·综合研究

题目	作者	年份	期	页
蚌埠双墩与凤阳卞庄两座墓葬年代析论 ……………………………	徐少华	2010	8	79
金沙遗址出土石人像身份辨析 [M][T] ………………………	施劲松	2010	9	61
中国新石器时代考古报告中遗物分类思想的演变及其背景分析				
………………………………………………………… 刘 斌 张 婷		2010	10	52
"羊车"考 ………………………………………………………	彭 卫	2010	10	71
先秦东江流域三组文化遗存分析与综合 [M][T] ……………	娄欣利	2010	11	55
体质人类学与古代社会研究的新进展 ………………………………	王建华	2011	1	43
东汉北魏陵寝制度特征和地位的探讨 [M][T] ………………	韩国河	2011	1	51
论贾湖一期文化遗存 [M] ………………………………………	张 弛	2011	3	46
新乐下层文化的分期与年代 ……………………………… 赵宾福	杜战伟	2011	3	54
清代公主园寝调查 ………………………………………………………	董坤玉	2011	3	62
对石峡文化的若干再认识 [M][T] ………………………………	李 岩	2011	5	48
兴隆洼文化分期与年代 ………………………………… 索秀芬	李少兵	2011	8	47
蒙古高原石雕人像源流初探 [M][T]				
——兼论羊群庙石雕人像的性质与归属 ……………………	魏 坚	2011	8	55
"寄寄老人"考 …………………………………………………………	宋新潮	2011	10	77
湖北随州叶家山西周墓地笔谈 [M]				
李学勤 李伯谦 朱凤瀚				
………………………………………………… 刘 绪 王占奎 陈振裕		2011	11	64
张昌平 李天虹				
丹扬王墓考辨 …………………………………………………………	李梅田	2011	12	55
邢台西周考古与西周邢国 [M][T] ………………… 张渭莲	段宏振	2012	1	64
从近年出土新材料看楚国早期中心区域 ………………………………	笪浩波	2012	2	57
云雷纹的起源、演变与传播 [M][T]				
——兼论中国古代南方的蛇崇拜 ………………………………	杨建芳	2012	3	31
新砦期年代与性质管见 …………………………………………………	张 莉	2012	4	83
试论史前时期墓葬殉犬习俗 ………………………………………………	郭志委	2012	8	54
秦、西汉帝王陵封土研究的新认识 [M][T] …………………	焦南峰	2012	12	52
宇文恺承前启后的明堂方案				
——宇文恺一千四百周年忌辰纪念 ………………………………	杨鸿勋	2012	12	63
长江流域早期城市初论 [M] …………………………………	罗二虎	2013	2	67

论述及研究 · 综述 · 书刊评介

石鼓山西周墓葬的初步研究［M］［T］

…………………………………………… 王 颢 刘 栋 辛怡华 2013 2 77

新疆哈巴河东塔勒德墓地初步研究［M］［T］ ……… 于建军 马 健 2013 3 53

略论秦汉至两宋时期的香料 ………………… 王颖竹 马清林 李延祥 2013 5 70

试析辽宁朝阳地区隋唐墓葬的文化因素［M］［T］ …………… 吴炎亮 2013 6 50

编年与阐释

——二里头文化年代学研究的时间观 ……………………… 张 东 2013 6 74

试析崇信于家湾周墓 ……………………………………………… 刘 静 2013 7 51

桂圆桥遗址与成都平原新石器文化发展脉络 ………… 万 娇 雷 雨 2013 9 59

融合大遗址保护理念的我国文化遗产事业管理体系研究

…………………………………………………… 刘德胜 孙树栋 2013 11 92

从新见材料谈《仪礼》饮酒礼中之醴醆及所用酒器问题［M］［T］

…………………………………………………………………… 张光裕 2013 12 67

关于广富林晚期遗存的思考 ……………………………………… 乔 梁 2014 1 45

试论西周时期的周楚关系［M］［T］

——兼论楚族居地变迁 ……………………………………… 高崇文 2014 3 49

略谈巫山汉墓的鎏金棺饰［M］

——兼及汉代的饰棺之法 …………………………………… 李梅田 2014 9 71

3. 书刊评介

中国石窟寺考古学的创建历程［M］［T］

——读宿白先生《中国石窟寺研究》 ……………………… 徐苹芳 1998 2 54

序《故宫藏珍本图书丛刊》［M］［T］ ………………………… 朱家潘 1998 2 80

西藏历史考古学的奠基之作［M］［T］

——读宿白先生《藏传佛教寺院考古》 …………………… 罗 炤 1998 7 83

《北宋皇陵》评介 ………………………………………………… 秦大树 1998 7 92

评《观台磁州窑址》 ……………………………………………… 李知宴 1998 8 91

中国古代文明与国家形成研究的重要收获

——评《中国古代文明与国家形成研究》 ………………… 晁福林 1999 5 87

评《江陵望山沙家楚墓》 ……………………………………… 高成林 1999 5 90

论述及研究·综述·书刊评介

题目	作者	年份	期	页
《比较考古学随笔》评介	王震中	1999	9	93
西周青铜器研究的坚实基础				
——读《西周青铜器分期断代研究》	李学勤	2000	5	88
《安金槐考古文集》读后	杨育彬	2000	8	95
《镇江营与塔照》评介	戴向明	2001	7	90
重读《白沙宋墓》	徐苹芳	2002	8	91
考古学方法论的探索				
——评介两本考古学理论文集	曹兵武	2003	3	94
《中国漆器全集》读后记〔M〕〔T〕	何豪亮	2003	4	78
《寺龙口越窑址》读后	秦大树	2003	7	92
斯人永世 斯学长存				
——读《商承祚教授百年诞辰纪念文集》	徐义华	2004	1	93
大汶口、良渚文化的汇聚点				
——读《花厅——新石器时代墓地发掘报告》	栾丰实	2004	4	93
《瑶山》				
——研究良渚文化必读的著作	张忠培 杨 晶	2004	6	94
大型甲骨学研究专著				
——《殷墟花园庄东地甲骨》	葛英会	2004	9	94
沟通文物研究与社会生活史研究的一种作法				
——评《古诗文名物新证》	孙 机	2005	7	93
安徽史前考古的一部补白之作				
——《潜山薛家岗》	张 弛	2005	12	89
《宋辽金纪年瓷器》评介	秦大树	2006	1	92
从铁器中阅读历史				
——读《先秦两汉铁器的考古学研究》	施劲松	2007	2	90
中国南方商周青铜器研究的新阶段				
——读《皖南商周青铜器》	水 涛	2007	8	90
《法门寺考古发掘报告》读后〔M〕	李志荣	2008	2	81
《北福地——易水流域史前遗址》评介	张 弛	2008	6	92
《明代磁州窑瓷器》读后	刘 涛	2008	7	93
读水野清一、长广敏雄《云冈石窟》	陈悦新	2009	1	86

论述及研究·综述·学术动态

一个从"礼"探索中国文明起源的模式

——读《文明起源的中国模式》 ……………………………… 陈　雍　2009　2　90

试释云冈石窟的分期［M］

——《云冈石窟卷》画册读后 ………………………………… 宿　白　2010　7　63

古建筑维修和建筑考古调查

——《朝阳北塔》阅读札记 ………………………………… 李志荣　2010　7　88

简评《商文明的形成》 …………………………………………… 徐良高　2010　9　94

读《鲁中南汉墓》 ………………………………………………… 杨哲峰　2011　3　90

石寨山考古的新成果和再认识

——读《晋宁石寨山——第五次发掘报告》 ……………… 杨　勇　2011　8　90

甲骨资料整理与学术史研究相结合的新成果

——读《中国社会科学院历史研究所藏甲骨集》 ………… 刘一曼　2012　12　90

4. 学术动态

第一届文物编辑委员会成立并召开第一次全体会议

……………………………………………………………… 文物编辑部　1998　5　95

追踪学术热点　研讨殷商文明 …………………………………… 杜金鹏　1998　6　94

狮子山楚王陵出土文物座谈会纪要 ………… 狮子山楚王陵考古发掘队　1998　8　34

郭店《老子》国际研讨会综述 …………………………… 邢　文　李绪云　1998　9　92

'98 河北邢台中国商周文明国际学术研讨会纪要

……………………………………………………… 杜金鹏　许　宏　1999　1　94

'98 龙泉窑青瓷国际研讨会述要 …………………………………… 蔡乃武　1999　4　94

"现代科技考古研讨会"纪要 …………………………………… 沙　因　1999　5　94

夏商周断代工程金文历谱研讨会纪要 ………………………… 江林昌　1999　6　94

第三届"南中国及邻近地区古文化研究国际学术会议

——东亚古玉研究"会议纪要［M］[T] ………………… 邓　聪　1999　7　92

"纪念甲骨文发现一百周年国际学术研讨会"纪要 …………… 孙亚冰　1999　12　89

"汉唐之间的艺术与考古"国际学术合作项目及第一次研讨会纪要

……………………………………………………………… 李　力　2000　5　94

新出简帛国际学术研讨会综述 …………………………………… 邢　文　2001　5　94

论述及研究·综述·学术动态

"中国古城墙科学保护研讨会"综述

	江苏省文物管理委员会办公室	2001	7	93
…………………………………………	南　京　市　文　物　局			
杭州老虎洞窑址考古发现专家论证会纪要 ……………………… 秦大树	2001	8	93	
"考古出版物学术规范研讨会"共识 ………………………………………	2002	4	40	

涂山·淮河流域历史文明研讨会暨中国先秦史学会第七届年会会议纪要

………………………………………………………………………… 徐大立	2002	4	95
山西五台南茹村八路军总部旧址历史地位研讨会综述 ………… 刘　岩	2002	11	95

"中国北朝佛教造像及其传播国际学术研讨会"纪要

………………………………………………… 山东大学美术考古研究所	2006	4	94
"正仓院与中日文化交流国际学术研讨会"综述 ……………… 陈春雷	2006	10	93
"丝绸之路古国钱币暨丝路文化国际学术研讨会"纪要 ……… 王　樾	2007	4	93

龙泉窑枫洞岩窑址考古发掘学术座谈会纪要

………………………………………………… 沈岳明　秦大树　施文博	2007	5	93

"瓷之源——原始瓷与德清窑学术研讨会"纪要

………………………………………………… 郑建明　陈元甫　周建忠	2008	8	95
"新疆史前考古学术研讨会"纪要 ……………………………… 水　涛	2008	12	86
"考古与艺术史的交汇"国际学术研讨会纪要 ………………… 张　鹏	2009	2	94
"出土饱水竹木漆器及简牍保护学术研讨会"纪要 …………… 赵桂芳	2009	3	95
中国红绿彩瓷器专题学术研讨会纪要 ……………………………… 黄阳兴	2010	8	95
"《清华大学藏战国竹简（壹）》国际学术研讨会"纪要 …… 袁金平	2011	11	95
2011 年兰亭国际学术研讨会综述 ………… 故宫博物院古书画研究中心	2012	1	94
江苏盱眙大云山汉墓考古成果论证会纪要 …………… 李则斌　陈　刚	2012	3	87

新疆龟兹研究院藏吐火罗语文字资料研究概况

………………………………………………… 赵　莉　台来提·乌布力	2013	3	94
达慕思—清华"清华简"国际学术研讨会综述 ………………… 邢　文	2013	12	87
"2013 年长沙五一广场东汉简牍学术研讨会"纪要 …………… 夏笑容	2013	12	90

（二）专题

1. 古文字与青铜器

古文字

篇名	作者	年份	期	页
"佐子"应读为"嗟子"	裘锡圭	1998	3	42
诅楚文"亚驼"考	裘锡圭	1998	4	15
觥国墓地出土商代小臣玉器铭文考释及相关问题〔M〕〔T〕	姜 涛 贾连敏	1998	12	57
上博玉雕精品鲜卑头铭文补释	王正书	1999	4	50
西周金文中的"王"与"王器"〔M〕	李朝远	2006	5	74
西周金文中的郑地和郑国东迁	李 峰	2006	9	70
"巽"应读为县	郝士宏	2006	11	67
"弋日"解	董 珊	2007	3	58
殷墟的镞与甲骨金文中的"矢"和"射"字	岳洪彬 岳占伟	2009	8	46

甲骨卜辞

篇名	作者	年份	期	页
甲骨文日月食与商王武丁的年代〔M〕〔T〕	张培瑜	1999	3	56
关于殷墟卜辞中的所谓"廿祀"和"廿司"〔M〕	裘锡圭	1999	12	40
《关于殷墟卜辞中的所谓"廿祀"和"廿司"》追记	裘锡圭	2000	2	96
殷墟甲骨占卜程式的追索	宋镇豪	2000	4	35
释甲骨文中的"㐱"和"㐲"	赵平安	2000	8	61
早期筮占文献的结构分析	邢 文	2002	8	53
一版新缀卜辞与商王世系〔M〕〔T〕	李学勤	2005	2	62
甲骨文中的梦与占梦〔M〕	宋镇豪	2006	6	61
河北邢台南小汪遗址西周刻辞卜骨浅识〔M〕〔T〕	张渭莲 段宏振	2008	5	59
洛阳新获西周卜骨文字略论〔M〕	蔡运章	2008	11	50

论述及研究 · 专题 · 古文字与青铜器

从亲属称谓看殷墟甲骨的分期问题 ………………………………… 黄国辉 2012 7 49

武丁时代的流星雨记录 ………………………………………… 王子杨 2014 8 40

青铜器及铭文

也谈杨姑壶铭文的释读 ［M］［T］ ………………………………… 李伯谦 1998 2 31

铜鸭铜盉与频聘礼 ［M］［T］ ……………… 王龙正 姜 涛 娄金山 1998 4 88

晋侯苏钟的音乐学研究 ［M］［T］ ………………………………… 王子初 1998 5 23

日本出光美术馆收藏的静方鼎 ……………………………………… 徐天进 1998 5 85

静方鼎小考 …………………………………………………………… 张懋镕 1998 5 88

关于静方鼎的几点看法 …………………………………………… 王占奎 1998 5 89

高淳发现一件西周时期铜簋形器 ………………………………… 康 京 1998 6 93

翁牛特旗发现两汉铜牌饰 ……………………………………… 庞 昊 1998 7 42

宰兽簋铭略考 ［M］［T］ ………………………………………… 罗西章 1998 8 83

新获滕大宰得匜考释 …………………………………………… 王人聪 1998 8 88

新发现的柞伯簋及其铭文考释 ［M］［T］ … 王龙正 姜 涛 袁俊杰 1998 9 53

柞伯簋与大射礼及西周教育制度 ［M］［T］

…………………………………………… 王龙正 袁俊杰 廖佳行 1998 9 59

郭公典盘铭考释 …………………………………………………… 方 辉 1998 9 62

论我国南方出土的商代青铜大口尊 ［M］［T］ ………………… 施劲松 1998 10 47

湖北随州出土西周青铜钟 ……………………………………… 随州市博物馆 1998 10 76

柞伯簋铭考释 ［M］［T］ ……………………………………… 李学勤 1998 11 67

介绍一件青铜铙 …………………………………………………… 孙力楠 1998 11 92

山东沂南阳都故城出土秦代铜斧 ……………………………… 赵文俊 1998 12 25

铜四足器座小议 …………………………………………………… 俞凉亘 1999 3 64

桐城出土春秋时期青铜器 ……………………………………… 江小角 1999 4 89

沂南阳都故城铜斧应为西汉遗物 ……………………………… 裘锡圭 1999 5 54

关于夏商周断代工程中的西周青铜器分期断代研究 ［M］［T］

…………………………………………… 王世民 陈公柔 张长寿 1999 6 48

膳夫山鼎年世的确定 ［M］［T］ ……………………………… 李学勤 1999 6 54

也论新出虎簋盖的年代 ………………………………………… 彭裕商 1999 6 57

济南市博物馆征集的一件铜方鼎 ……………………………… 李 晶 1999 8 92

论述及研究·专题·古文字与青铜器

篇名	作者	年份	期	页
湖北仙桃市长丰村出土青铜甬钟	张正发	1999	8	93
云南晋宁石寨山 M71 出土的叠鼓形贮贝器	蒋志龙	1999	9	51
云南石寨山文化贮贝器研究 [M][T]	佟伟华	1999	9	55
戎生编钟论释 [M][T]	李学勤	1999	9	75
应国再簋铭文考释	李家浩	1999	9	83
王作姜氏簋	王世民	1999	9	85
记保利艺术博物馆所藏青铜鼓座	孙 机	1999	9	87
宰兽簋铭补释	施谢捷	1999	11	78
河北师范大学收藏的部分古代青铜器	陈 丽	1999	11	96
"中播簋"应为"中觯簋"	徐在国	1999	12	51
二里头青铜器的自然科学研究与夏文明探索 [M][T]	金正耀	2000	1	56
赵武襄君戈考 [M][T]	吴振武	2000	1	65
试论商周青铜器族徽文字独特的表现形式	张懋镕	2000	2	46
四坝文化铜器研究 [M][T] 李水城 水 涛		2000	3	36
散伯车父器与西周婚姻制度 [M][T]	曹 玮	2000	3	63
新见觉簋铭文对金文研究的意义 [M][T]	张光裕	2000	6	86
蔡侯戟铭文补正	李洽益	2000	8	89
湖南衡阳发现商代铜卣 郑均生	唐先华	2000	10	58
云南弥渡合家山出土古代石、陶范和青铜器	张 昭	2000	11	39
湖北石首出土商代青铜器	戴修政	2000	11	57
河北曲阳县出土战国青铜器	王丽敏	2000	11	60
安徽六安出土一件大型商代铜尊 安徽省皖西博物馆		2000	12	65
甘肃省博物馆系统所藏青铜器选介	李永平	2000	12	69
贵州发现的两件铜带钩	赵小帆	2000	12	72
太子鼎铭考略	蔡运章	2001	6	69
叔矢方鼎铭文考释 [M][T]	李伯谦	2001	8	39
宁乡老粮仓出土铜编铙质疑	陈茎有	2001	8	43
湖南益阳出土商代铜铙 湖南益阳市文物管理处		2001	8	66
谈叔矢方鼎及其他 [M][T]	李学勤	2001	10	67
王鼎的性质与时代 [M][T]	李学勤	2001	12	60
保利艺术博物馆收藏的王作左守鼎	陈佩芬	2001	12	62

论述及研究 · 专题 · 古文字与青铜器

篇名	作者	年份	期	页
四川三台出土东汉钱树 ………………………………………… 景竹友		2002	1	84
湖北谷城过山出土春秋有铭铜盏 ……………………… 熊北生 李广安		2002	1	94
河北南阳遗址出土的蟠螭纹铜壶 ………………………………… 穆 强		2002	1	96
鲁王虎符与齐郡太守虎符小考 …………………………… 刘晓华 李晶寰		2002	4	81
曲沃北赵晋侯墓地 M114 出土叔矢方鼎及相关问题研究笔谈 ［M］［T］				
饶宗颐 黄盛璋 朱凤瀚				
………………………………………………… 刘 雨 吴振武 张懋镕		2002	5	69
王占奎 田建文 孙庆伟				
论中国北方早期游牧人青铜带饰的起源 ［M］［T］ …………… 乌 恩		2002	6	68
新疆巩留县发现一件青铜武士俑 ………………………………………… 翰 秋		2002	6	96
应侯视工簋补释 ………………………………………………………… 裘锡圭		2002	7	72
关于弧壁方彝的分期断代问题 …………………………… 沈长云 杜 勇		2002	8	61
湖南常德新出土铜距末铭文小考 ………………………………………… 陈松长		2002	10	76
济南市博物馆收藏的一件郭国铜簋 ……………………………………… 李 晶		2002	10	96
西安丰镐遗址发现的车马坑及青铜器 ［M］［T］ ……………… 王长启		2002	12	4
江西新余市出土商代铜爵 ………………………………………………… 胡小勇		2002	12	89
湖广地区出土的"王"字铜器 ………………………………………… 傅聚良		2003	1	90
郭中薰及郭国姓氏略考 ………………………………………………… 任相宏		2003	4	40
山东长清石都庄出土周代铜器 ［M］［T］ …………………… 昌 芳		2003	4	85
灵川岩洞出土的青铜器 ………………………………… 灵川县文物管理所		2003	4	92
上博新获大祝追鼎对西周断代研究的意义 ……………………… 夏含夷		2003	5	53
陕西眉县杨家村西周青铜器窖藏发掘简报 ［M］［T］				
陕西省考古研究所				
………………………………………………………… 宝鸡市考古工作队		2003	6	4
杨家村联合考古队				
眉 县 文 化 馆				
陕西眉县出土窖藏青铜器笔谈 ［M］［T］				
马承源 王世民 王占奎				
刘军社 刘怀君 朱凤瀚				
………………………………………………… 陈佩芬 李伯谦 李学勤		2003	6	43
张长寿 张培瑜 张懋镕				
高 明 徐天进 曹 玮				

论述及研究·专题·古文字与青铜器

题目	作者	年份	期	页
眉县杨家村新出青铜器研究 ［M］［T］ …………………………	李学勤	2003	6	66
读逨器铭文札记三则 ［M］［T］ ……………………………	裘锡圭	2003	6	74
逨鼎的月相纪日和西周年代 ［M］［T］ …………………………	张培瑜	2003	6	78
四十二年、四十三年逨鼎铭文试释 ………… 刘怀君 辛怡华	刘 栋	2003	6	85
逨盘铭文试释 ……………………………… 刘怀君 辛怡华	刘 栋	2003	6	90
甘肃清水县刘坪近年发现的北方系青铜器及金饰片				
…………………………………………………………… 李晓青	南宝生	2003	7	4
从逨盘铭文谈西周单氏家族的谱系及相关铜器 …………………	张天恩	2003	7	62
大甸子墓地出土铜器初步研究 ［M］［T］ … 李延祥 贾海新	朱延平	2003	7	78
季姬方尊铭文及其重要价值 ……………………………… 蔡运章	张应桥	2003	9	87
洛阳新发现一件西汉有铭铜鼎 ……………………………………	刁淑琴	2003	9	91
荥阳上官皿与安邑下官钟 ［M］［T］ ………………………	李学勤	2003	10	77
妇丁尊与西周早期青铜礼器的铅同位素研究				
…………………………………………… 金正耀 林业强	杨秀丽	2003	10	82
楚雄万家坝墓群及万家坝型铜鼓的年代探讨 …………………	李龙章	2003	12	49
新见秦式青铜锻研究 ………………………………………………	李朝远	2004	1	83
晋韦父盘与盘盉组合的相关问题 ……………………………	周 亚	2004	2	61
自铸铭文考释 ［M］［T］ …………………………………	曹锦炎	2004	2	70
河南息县出土楚国"鄂爱"铜戟……………………………	张泽松	2004	3	93
西周中殷盈盖、有司筒篮盖跋 ……………………………………	周晓陆	2004	3	94
韩国博物馆收藏的一件铜盈 ……………………………………	李清丽	2004	4	90
镶嵌铜牌饰的初步研究 ［M］［T］ ………………………	王 青	2004	5	65
故宫藏郑义伯簋及相关问题 ……………………………………	李米佳	2004	7	71
成都金沙遗址铜器研究 ［M］［T］ ………… 金正耀 朱炳泉 常向阳		2004	7	76
许之咏 张 擎 唐 飞				
山东省龙口市出土西周铜簋 ……………………………………	马志敏	2004	8	79
论右翌鼎铭及其相关问题 ………………… 蔡运章 赵晓军	戴 霖	2004	9	81
垣上官鼎及其相关问题 ……………………………………………	唐友波	2004	9	85
云南南涧县浪沧乡三岔河村出土一件古代铜鼓 …………………	田怀清	2004	10	87
定襄中霍村出土的一批青铜器 ……………………… 郭良堂	李培林	2004	12	72
郭中簋当作止（趾）子中簋……………………………………	陈奇猷	2004	12	86

论述及研究·专题·古文字与青铜器

题目	作者	年份	期	页
章丘洛庄编钟刍议	王清雷	2005	1	62
安吉发现一件西周时期铜铙	周意群	2005	1	85
庄浪县邵坪村出土一批青铜器	庄浪县博物馆	2005	3	43
从叔姜簋析古中国历史与文化的有关问题	徐少华	2005	3	66
商周青铜器纹饰和图形文字的含义及功能	杨晓能	2005	6	72
洛阳宜阳发现秦铜鉴及其相关问题	赵晓军 刁淑琴	2005	8	88
三年垣上官鼎铭考略	蔡运章 赵晓军	2005	8	90
试论新发现的瓶方鼎和荣仲方鼎［M］［T］	李学勤	2005	9	59
瓶方鼎与商末周祭系统	徐凤先	2005	9	66
东北师范大学收藏的一件铜高柄方壶	孙力楠	2005	9	91
保利艺术博物馆收藏的两件铜方鼎笔谈［M］［T］	王世民 王泽文 陈久金 张培瑜 罗 琨 黄天树 彭裕商	2005	10	68
郑国祭祀遗址及青铜礼器研究	蔡全法	2005	10	75
三年垣上官鼎校量的计算	李学勤	2005	10	93
柞伯鼎与周公南征［M］	朱凤瀚	2006	5	67
试释西周狱簋铭文中的"馨"字	吴振武	2006	11	61
王太后左私室鼎铭考略	刘余力 蔡运章	2006	11	63
浙江安吉出土春秋青铜盉	安吉县文物保护管理所	2006	11	95
首都师范大学收藏的两件西周青铜器［M］［T］	侯 毅	2006	12	68
山东地区两周编钟的初步研究	王清雷	2006	12	73
从新出敔簋看昭王南征与晋侯燮父［M］［T］	孙庆伟	2007	1	64
安徽宣城出土的青铜器	王爱武	2007	2	39
楚公爱钟与早期楚文化	袁艳玲	2007	3	50
河北丰润卢各庄出土商代铜鼎	李子春	2007	4	91
洛阳发现西汉有铭铜鉴	赵晓军	2007	6	94
陕西扶风五郡西村西周青铜器窖藏发掘简报［M］［T］	宝鸡市考古研究所 扶风县博物馆	2007	8	4
琱生诸器铭文联读研究［M］［T］	李学勤	2007	8	71
五年琱生尊铭文考释	辛怡华 刘 栋	2007	8	76

论述及研究·专题·古文字与青铜器

题目	作者	年份	期	页
扶风五郡西村西周青铜器窖藏编钟及相关问题	陈 亮	2007	8	81
河南叶县旧县四号春秋墓出土的两组编镈	王子初	2007	12	77
新见楚式青铜器器铭试释［M］［T］	张光裕	2008	1	73
西汉宣春鼎及其相关问题	刘余力	2008	7	61
宣炉辨疑［M］	陆鹏亮	2008	7	64
三星堆文化遗址出土的几件商代青铜器	敖天照	2008	7	89
云南麻栗坡出土人面纹羊角纽钟	刘永剑	2008	10	95
岐山县博物馆收藏的西周铜觯	王文耀	2008	12	69
云南广南出土人面鸟纹铜牌饰	刘永剑	2008	12	71
莫登伯盨跋	张应桥 蔡运章	2009	1	45
三门峡虢国墓地出土的青铜器	三门峡市文物考古研究所 三门峡虢国博物馆	2009	1	48
四川彭州宋代青铜器窖藏［M］［T］	成都市文物考古研究所 彭州市博物馆	2009	1	54
册命铭文的变化与西周厉、宣铜器分界	韩 巍	2009	1	80
犅簋铭文与西周史事新证	张光裕	2009	2	53
介绍几件商代青铜器、玉器	程永建	2009	2	79
青铜器窃曲纹的来源及分型	张德良	2009	4	86
虢仲纽钟的音乐学断代	王友华	2009	4	92
咸阳博物馆收藏的汉代铜器	王亚庆	2009	5	95
安徽天长出土一批战国青铜器	天长市博物馆 天长市文物管理所	2009	6	79
战国信安君鼎考略	刘余力 褚卫红	2009	11	70
由新见青铜器看西周早期的鄂、曾、楚［M］	李学勤	2010	1	40
三星堆"铜神坛"的复原［M］	孙 华	2010	1	49
中原制造——关于北方动物纹金属牌饰［M］	罗 丰	2010	3	56
二里岗铜容器的"一带双纹"现象	常怀颖	2010	6	84
商周青铜器铭文的若干制作方式［M］［T］——以曾国青铜器材料为基础	张昌平	2010	8	61
晋侯苏编钟的形制特征及来源问题	高西省	2010	8	71

论述及研究·专题·古文字与青铜器

篇名	作者	年份	期	页
首都师范大学博物馆藏汉代铜匜 ………………………… 袁广阔 马保春		2010	8	90
咸阳博物馆收藏的汉代带尺铜熨斗 …………………………………… 王 英		2010	8	93
宁夏中卫出土的东周青铜器 ……………………………………………… 张伟宁		2010	9	75
长安马王村编钟的音乐学研究 ……………………………………………… 王清雷		2010	9	78
繁昌汤家山出土青铜器的年代及其相关问题 ………… 张爱冰 陆勤毅		2010	12	52
试析安徽枞阳旗山战国墓出土铜句鑃 ………………… 郑 玲 叶润清		2010	12	61
礼县出土秦国早期铜器及祭祀遗址论纲 ………………………………… 李 峰		2011	5	55
甘肃武威出土铜锭 …………………………………………… 贾建威 李永平		2011	5	89
安徽阜阳博物馆收藏的汉代铜器 ……………………… 杨玉彬 杨钢锋		2011	5	91
伯唐父鼎铭通释补证 ……………………………………………… 袁俊杰		2011	6	38
彭射铜器铭文补释 …………………………………………………… 曹锦炎		2011	6	94
三星堆出土爬龙铜柱首考 [M][T] ——一根带有龙虎铜饰件权杖的复原 ………………………… 孙 华		2011	7	39
翼城大河口尚盂铭文试释 [M] …………………………………… 李学勤		2011	9	67
湖北随州叶家山新出西周曾国铜器及相关问题 [M][T] ……………………………………………… 黄凤春 陈树祥 凡国栋		2011	11	78
论随州羊子山新出曾国青铜器 [M][T] ……………………… 张昌平		2011	11	87
广东出土两批铜甬钟及相关问题 [M] ……………………………… 尚 杰		2012	2	71
茂陵博物馆收藏的几件铭文铜器 …………………………………… 张文玲		2012	2	80
毛公鼎出土年份的一则讹传 [M] …………………… 张长寿 闻 广		2012	4	46
汉长安城发现西汉西河太守虎符 …………………………………… 王望生		2012	6	95
新见几件有铭铜簋 [M] ………………………………………… 黄锦前		2012	7	74
山东新泰出土青龙四年阳燧 ……………………………… 穆红梅 焦玉云		2012	7	78
改善鼎铭文考释 [M][T] ……………………………… 马保春 袁广阔		2012	10	66
湖南宁乡出土商代大型铜瓿 ……………………………… 张筱林 李乔生		2013	3	74
徐王容居戈铭文考释 ……………………………… 孔令远 李艳华 阙绪杭		2013	3	77
十堰市博物馆收藏的一件铭文铜鼎 ………… 杨海莉 陈玉华 黄中鹤		2013	3	80
石鼓山三号墓器铭选释 [M][T] ……………………………… 李学勤		2013	4	56
石鼓山西周墓葬出土铜器初探 [M] ……… 辛怡华 王 颢 刘 栋		2013	4	59
有"都"铜器与都国历史新论 …………………………………… 胡 刚		2013	4	81
伊犁河谷铜锭研究 ……………………………… 李溯源 吴 立 李 枫		2013	6	82

论述及研究·专题·古文字与青铜器

论随州叶家山西周墓地曾国青铜器的生产背景 ［M］［T］

………………………………………………………………	张昌平	2013	7	45
茂陵博物馆收藏的西汉吉语器 ………………………………………	张文玲	2013	7	68
郑州博物馆藏商周有铭铜器 ［M］ …………………… 汤 威	陈尽忠	2013	11	73
河南商丘出土西周铜簋 ………………………………………………	刘昭允	2013	11	76
山西绛县横水 M2 出土肃卣铭文初探 ［M］［T］ ………………	董 珊	2014	1	50
东汉元和二年"蜀郡西工造"鎏金银铜舟 ………………………	许建强	2014	1	88
西周柱足簋研究 …………………………………………………………	王 宏	2014	2	62
四川博物院收藏的几件商周铜器 …………… 郭军涛 张丽华	李 媛	2014	2	77
也谈曲柄盉的年代及其相关问题 ………………………………………	张爱冰	2014	3	57
三星堆器物坑出土人身形铜牌饰辨析				
——兼论巴蜀地区柳叶形剑及剑鞘的起源 …………………	王 炜	2014	4	58
随州博物馆藏曾侯铜鼎 ………………………………………………	项 章	2014	8	44
湖北谷城出土许国铜器 ………………………………………………	李广安	2014	8	46
仓端王义鼎铭文考释 ………………………………………………	刘余力	2014	8	49

玺印、封泥

狮子山楚王陵出土印章和封泥对研究西汉楚国建制及封域的意义

………………………………………………………………………	王 恺	1998	8	44
元代法书鉴赏家回回人阿里的国书印 ［M］［T］ ……………	照那斯图	1998	9	87
四川宝兴出土巴蜀符号印等文物 …………………………………	杨文成	1998	10	90
广西出土九方南明"永历"官印考 …………………………………	于凤芝	1998	10	91
对狮子山楚王陵所出印章封泥的再认识 ……………………………	赵平安	1999	1	52
新疆出土的肖形印介绍 ………………………………… 王珍仁	孙慧珍	1999	3	84
"义阳典铁官宰"铜印跋 ………………………………………………	尹俊敏	1999	4	93
云南昆明五华山出土明代官印 ………………………………………	萧明华	1999	7	73
山东青州市博物馆收藏的两枚古代印章 ……………………………	孙新生	2000	6	49
西汉金"诸国侯印" ………………………………………………	姜保国	2000	7	95
即墨小桥村出土西汉金印小记 ………………………………………	李学勤	2000	7	96
广西南宁市出土一枚宋代官印 ………………………………………	雷时忠	2000	9	96
"义阳典铁官宰"铜印新释 ………………………………………	陈晓捷	2001	4	90

论述及研究·专题·古文字与青铜器

篇名	作者	年份	期	页
平泉县博物馆藏两方金代官印 ……………………………………… 王 烨		2001	4	91
江苏江宁出土三枚古印 ………………………………… 邵 磊 周维林		2001	7	84
贵州省黔西县发现一枚元代八思巴文官印 ……………………… 郑远文		2001	7	86
云南昆明五华山出土明代官印之研究 ……………………………… 龙 腾		2001	8	61
西安中国书法艺术博物馆藏秦封泥选释 …………………………… 王 辉		2001	12	66
青州市博物馆藏古印选介 ……………………………… 姜建成 周麟麟		2002	7	94
山东乳山征集的一方元代铜官印 …………………………………… 姜书振		2002	7	96
归德军节度印 …………………………………………… 唐国文 曹英慧		2003	5	94
山东高密出土金代铜印 …………………………………… 张晓光 葛培谦		2003	5	95
洛阳辛店东汉墓发现"匈奴归汉君"铜印				
………………………………… 洛阳市第二文物工作队 中国科学技术大学科技史与科技考古系		2003	9	94
汉魏许都故城遗址出土的四方铜印 ………………… 黄留春 黄晓丽		2004	4	92
新蔡故城战国封泥的初步考察［M］………………… 周晓陆 路东之		2005	1	51
阜阳博物馆收藏的一件金代官印 …………………………………… 杨玉彬		2005	2	95
即墨市博物馆收藏的一件宋代铜印 ………………… 王灵光 王新夏		2007	3	96
存世书画作品所钤宋代"尚书省印"考 …………………………… 彭慧萍		2008	11	77
河南新安县博物馆藏金代官印 …………………………………… 高耀伟		2011	10	88
顺治皇帝御用玺印 ……………………………………………… 郭福祥		2011	10	89
安徽固镇谷阳城遗址出土铜玺印 …………………………………… 赵东升		2014	6	83
江苏江阴出土清代窖藏印 ……………………………………… 武宝民		2014	6	85

陶文及其他

篇名	作者	年份	期	页
韶关发现南朝刘宋纪年铭文砖 ……………………………………… 毛 茅		1998	9	91
浙江温州市瓯海区出土东晋铭文砖 ……………………………… 吴明哲		1998	11	81
陶拍上的数字卦研究 ………………………………………………… 曹 玮		2002	11	65
郑州小双桥遗址出土陶器上的朱书 ……………………………… 宋国定		2003	5	35
试析南昌青云谱梅湖东晋纪年墓铭文砖 ……………… 王上海 李国利		2008	12	57
三门峡南交口东汉墓镇墓瓶朱书文考略 ……………… 郝本性 魏兴涛		2009	3	57
谈汉代解注瓶上的北斗与鬼宿 ……………………………………… 朱 磊		2011	4	92
郑州小双桥商代遗址陶符研究 ……………… 马保春 袁广阔 宋国定		2012	1	55

2. 陶 瓷

陶 器

题目	作者	年份	期	页
马桥文化原始瓷和印纹陶研究［M］［T］	宋 建	2000	3	45
茧形壶的类型、分布与分期试探［M］［T］	杨哲峰	2000	8	64
张昂监陶小考	李 放	2001	11	43
河南济源汉代釉陶的装饰风格	陈彦堂 辛 革	2001	11	93
中国境外发现的茧形陶器	乔 梁	2002	1	71
无锡南禅寺出土的明代紫砂器［M］［T］	朱建新	2002	4	92
西安地区出土汉代陶器选介［M］	高 曼	2002	12	32
黄冶唐三彩窑址出土的陶塑小品［M］［T］	廖永民	2003	11	53
广西出土的波斯陶及相关问题探讨	李 铧 封绍柱 周 华	2003	11	71
咸阳窑店出土的东汉朱书陶瓶	刘卫鹏 李朝阳	2004	2	86
新疆布尔津县出土的橄榄形陶罐	张玉忠	2007	2	66
河南平粮台龙山文化城址发现刻符陶纺轮［M］	张志华 梁长海 张体鸽	2007	3	48
东北地区鸭形陶壶研究［M］	张 伟	2009	6	62
陕西高陵出土的东汉建和三年朱书陶瓶	刘卫鹏	2009	12	82
中国史前的艺术浪潮［M］——庙底沟文化彩陶艺术的解读	王仁湘	2010	3	46
陕西甘泉出土的汉代复色釉陶器	王勇刚 王 沛 李延莉	2010	5	63
郑州新密出土的新莽期陶铃	汤 威	2012	1	82

瓷 器

题目	作者	年份	期	页
两件精美的唐代执壶	王巧莲 刘友恒	1998	5	94
山东东平县出土唐寿州窑黄釉席纹瓷注壶	李建平	1998	7	96
康熙款饮中八仙青花瓷碗	杨新民 杨建华	1998	8	94
对《也谈八思巴文款青花瓷器的年代》一文的商榷	张 英	1998	10	62
元代青花双环象耳瓶和三足鼎式炉	钟 治	1998	10	88

论述及研究·专题·陶瓷

题目	作者	年份	期	页
晋代青瓷酒具——著杯	王珍仁 孙慧珍	1999	2	93
一件宋代建筑图形青釉盖罐	郑 东	1999	2	94
定窑"孟"字款直口碗	刘福珍	1999	2	96
唐代席纹黄釉执壶装饰技艺浅说	高 峰	1999	4	81
唐代寿州窑黄釉瓷注子与定窑同类产品的鉴别	李广宁	1999	4	86
北宋官窑还不宜否定	刘道广	1999	4	96
关于伏虎形器和"虎子"的问题	黄展岳	1999	5	55
扬州出土唐青瓷褐彩牛车	李则斌	1999	5	93
介绍一对青花云龙纹象耳瓶	宁志超	1999	6	86
明清德化瓷的装饰艺术	黄汉杰	1999	12	80
论商周时期原始瓷器的区域特征［M］［T］	杨 楠	2000	3	54
湖田窑出土的喇叭形座形器考	徐长青	2001	2	92
浙江安吉博物馆藏西晋青瓷堆塑罐	程永军	2001	6	78
内蒙古林西县元代瓷器窖藏［M］［T］	林西县文物管理所	2001	8	72
关于八思巴字款青花瓷器年代之我见	吕成龙	2001	8	77
元文宗——图帖睦尔时代之官窑瓷器考［M］［T］	刘新园	2001	11	46
白釉剔花装饰的产生、发展及相关问题［M］［T］	秦大树	2001	11	67
福建平和发现的克拉克瓷大盘	傅宋良	2001	11	85
莲花香炉和宝子	扬之水	2002	2	70
钧窑瓷器源流及其年代	刘 涛	2002	2	77
西安市出土"翰林""盈"字款邢窑白瓷罐	王长启	2002	4	83
长沙走马楼古井出土的明代瓷器	李鄂权	2002	4	85
记一件雍正仿官窑穿带瓶	吴爱琴	2002	8	96
杭州老虎洞南宋官窑址［M］［T］	杭州市文物考古所	2002	10	4
记一组早期钧窑瓷器及相关问题探讨［M］［T］	秦大树 王晓军	2002	11	80
长治出土金代纪年三彩虎枕	崔利民	2003	6	94
康熙三彩加红盖盒	董健丽	2003	6	96
四系瓶相关问题探讨	张桂莲	2003	11	75
四川平武明王玺夫妇墓出土的景德镇民窑红绿彩瓷器	欧阳世彬 邹晓松 冯安贵 苏洪礼	2003	11	80

论述及研究·专题·陶瓷

景德镇明清御窑厂图像与首都博物馆藏"青花御窑厂图圆桌面"的年代

…………………………………………………………… 李一平 2003 11 90

永乐二十一年黑釉三足炉 ………………………………………… 刘新园 2003 11 96

湖州云巢龙湾出土的战国原始瓷 …………………………………… 刘荣华 2003 12 77

西安南郊新发现的唐长安新昌坊"盈"字款瓷器及相关问题［M］［T］

…………………………………………………… 尚民杰 程林泉 2003 12 81

郑州市东大街元代瓷器灰坑 …………………… 郑州市文物考古研究所 2004 11 54

南京发现的孙吴釉下彩绘瓷器及其相关问题［M］［T］

………………………………………………… 王志高 贾维勇 2005 5 39

江西景德镇明清御器（窑）厂落选御用瓷器处理的考察［M］［T］

…………………………………………………………… 权奎山 2005 5 54

宋代陶瓷礼器的生产和生产机构［M］ …………………………… 秦大树 2005 5 64

明代斗彩瓷器概论 ………………………………………………… 吕成龙 2005 5 84

宋代如意形瓷枕 …………………………………………………… 冯小琦 2005 9 94

福建德化佳春岭窑出土的陶瓷器 ……………………… 陈建中 陈丽芳 2005 12 82

河南中部迤北发现的早期釉上多色彩绘陶瓷［M］［T］ ……… 望 野 2006 2 54

故宫藏石湾窑瓷塑罗汉群像 ……………………………………… 田 军 2006 9 83

明代龙泉官用青瓷问题探索

——上海博物馆相关藏品的辨识与研究 …………………… 陆明华 2007 5 67

广东台山上川岛花碗坪遗址出土瓷器及相关问题 …… 黄 薇 黄清华 2007 5 78

北京大学赛克勒考古与艺术博物馆收藏的几件瓷器 …………… 曹 宏 2007 5 89

中国早期镶嵌瓷的考察［M］［T］ ………………………………… 任志录 2007 11 74

北京毛家湾明代瓷器坑发掘简报［M］［T］

	北京市文物研究所			
…………………………………………	北京市西城区文物管理所	2008	4	51

宋代官窑的主要特点［M］［T］

——兼谈元汝州青瓷器 ……………………………………… 秦大树 2009 12 59

大航海时代东西方文明的冲突与交流［M］

——15～16世纪景德镇青花瓷外销调查之一……………… 林梅村 2010 3 84

至正十一年铭青花云龙瓶考［M］［T］ ……………… 黄清华 黄 薇 2010 4 64

韩国国立中央博物馆藏高丽遗址出土中国瓷器 ………………… 金英美 2010 4 77

论述及研究·专题·陶瓷

题目	作者	年份	期	页
辽阳金正隆五年瓷质"明堂之券" ………………… 彭善国 徐戎戎		2010	12	88
浅谈广均的风格与特点 ………………………………………… 黄 静		2011	2	66
越国贵族墓随葬陶瓷礼乐器葬俗探论〔M〕〔T〕 ……………… 陈元甫		2011	4	33
南澳Ⅰ号明代沉船2007年调查与试掘〔M〕〔T〕				
……………………………………………… 广东省文物考古研究所		2011	5	25
四川遂宁金鱼村二号南宋窖藏 …………………………… 四川宋瓷博物馆		2011	7	4
四川崇州万家镇明代窖藏〔M〕〔T〕 ……………… 成都文物考古研究所 崇州市文物管理所		2011	7	7
福建博物院藏南宋陈元吉墓出土器物 ………………………………… 张焕新		2011	7	71
澳门开埠以前葡萄牙人的东方贸易				
——15～16世纪景德镇青花瓷外销调查之二……………… 林梅村		2011	12	61
结构独特的唐代白瓷执壶 ………………………………… 陈尽忠 李 萍		2012	3	59
南澳Ⅰ号明代沉船2010年出水陶瓷器〔M〕………… 宋中雷 黎飞艳		2012	3	60
文化变迁中的器形与质地				
——关于江东地区战国秦汉之际墓葬所见陶瓷器组合的初步考察				
……………………………………………………………… 杨哲峰		2012	4	50
肯尼亚滨海省格迪古城遗址出土中国瓷器〔M〕〔T〕				
………………………………… 刘 岩 秦大树 齐里亚马·赫曼		2012	11	37
商周原始瓷装饰纹样略论 ………………………………………… 郑建明		2012	11	61
古瓷札记两则 …………………………………………………… 尚 刚		2012	11	77
元青花瓷器早期类型的新发现〔M〕				
——从实证角度论元青花瓷器的起源 …………… 黄 薇 黄清华		2012	11	79
西汉南越王博物馆藏陶瓷枕 ………………………………………… 陈 馨		2012	11	89
洛阳出土宋代珍珠地纹瓷枕 ……………………………… 高 虎 蔡小莉		2012	11	93
河南禹州唐郭超岸墓出土瓷器〔M〕 ……… 徐华烽 王 豪 苏朝阳		2014	5	74

陶瓷俑

题目	作者	年份	期	页
故宫藏康熙五彩童子像 ………………………………………… 王健华		1998	4	92
徐州内华发现南北朝陶俑 ……………………………………… 徐州博物馆		1999	3	19
甘肃出土的隋唐胡人俑〔M〕 ……………………………………… 林 健		2009	1	71
略论关中地区北魏、西魏陶俑的演变 ……………………………… 张全民		2010	11	63

论述及研究 · 专题 · 陶瓷

陶瓷窑

谈南宋官窑及相关问题 [M][T]	李辉柄	1998	4	33
试论建窑的几个问题 [M][T]	吕成龙	1998	7	53
垣曲宁家坡陶窑址发掘简报 [M][T]	山西省考古研究所	1998	10	28
广东新会官冲古窑址	广东省文物考古研究所 新会市博物馆	2000	6	25
景德镇湖田窑H区附属主干道发掘简报 [M][T]	江西省文物考古研究所 景德镇陶瓷历史博物馆	2001	2	42
玉溪窑综合勘查报告	云南省文物考古研究所 玉溪市红塔区文物管理所	2001	4	60
宝丰清凉寺汝窑址2000年发掘简报 [M][T]	河南省文物考古研究所	2001	11	4
浙江越窑寺龙口窑址发掘简报 [M][T]	浙江省文物考古研究所 北京大学考古文博院 慈溪市文物管理委员会	2001	11	23
都江堰市金凤窑址发掘简报	成都市文物考古工作队 成都市文物考古研究所	2002	2	53
慈溪上林湖荷花芯窑址发掘简报 [M][T]	浙江省文物考古研究所 慈溪市文物管理委员会	2003	11	4
河南省禹州市神垕镇刘家门钧窑遗址发掘简报 [M][T]	北京大学中国考古学研究中心 河南省文物考古研究所	2003	11	26
东周王城战国至汉代陶窑遗址发掘简报	洛阳市文物工作队	2004	7	41
浙江萧山前山窑址发掘简报	浙江省文物考古研究所 萧山博物馆	2005	5	4
河南省禹州市神垕镇下白峪窑址发掘简报 [M][T]	北京大学中国考古学研究中心 河南省文物考古研究所	2005	5	15
宋代官窑制度初探	王光尧	2005	5	74

论述及研究·专题·陶瓷

汝州张公巷窑的发现与认识〔M〕 ………………………………… 孙新民 2006 7 83

浙江余杭瓶窑、良渚古城结构的遥感考古 …………… 张 立 吴健平 2007 2 74

江西景德镇丽阳蛇山五代窑址清理简报

故 宫 博 物 院

………………………………………… 江西省文物考古研究所 2007 3 4

景德镇市陶瓷考古研究所

江西景德镇丽阳碓臼山元代窑址发掘简报〔M〕〔T〕

故 宫 博 物 院

………………………………………… 江西省文物考古研究所 2007 3 9

景德镇市陶瓷考古研究所

江西景德镇丽阳瓷器山明代窑址发掘简报〔M〕〔T〕

故 宫 博 物 院

………………………………………… 江西省文物考古研究所 2007 3 17

景德镇市陶瓷考古研究所

从景德镇制瓷工艺的发展谈葫芦形窑的演变〔M〕 …………… 王上海 2007 3 62

洛阳人民路北宋砖瓦窑址 ……………………………… 洛阳市文物工作队 2007 4 38

江西景德镇明清御窑遗址发掘简报〔M〕〔T〕

北京大学考古文博学院

………………………………………… 江西省文物考古研究所 2007 5 4

景德镇市陶瓷考古研究所

江西景德镇竟成铜锣山窑址发掘简报〔M〕〔T〕

江西省文物考古研究所

……………………………………………… 2007 5 48

景 德 镇 民 窑 博 物 馆

论"窑系"概念的形成、意义及其局限性〔M〕〔T〕 ………… 秦大树 2007 5 60

江西玉山渎口窑址发掘简报 ………………… 江西省文物考古研究所 2007 6 16

玉 山 县 博 物 馆

关于修内司窑的几个问题 ………………………………………… 唐俊杰 2008 12 61

龙窑生产中的几个问题〔M〕〔T〕 ………………………………… 沈岳明 2009 9 55

浙江德清亭子桥战国窑址发掘简报〔M〕〔T〕

浙江省文物考古研究所

……………………………………………… 2009 12 4

德 清 县 博 物 馆

论述及研究·专题·碑志

题目	作者	年份	期	页
江西浮梁凤凰山宋代窑址发掘简报 ……………	江西省文物考古研究所 浮梁县博物馆	2009	12	25
江西景德镇观音阁明代窑址发掘简报［M］［T］ …………………………………………	北京大学考古文博学院 江西省文物考古研究所 景德镇市陶瓷考古研究所	2009	12	39
山西大同北魏西册田制陶遗址调查简报 ……	王银田 宋建忠 殷 宪	2010	5	27
德清窑略论 ……………………………………………………	郑建明	2011	7	50
江西景德镇道塘里宋代窑址发掘简报 …………	江西省文物考古研究所 景德镇民窑博物馆	2011	10	35
浙江湖州南山商代原始瓷窑址发掘简报［M］［T］ …………………………………………………	浙江省文物考古研究所 湖州市博物馆	2012	11	4
浙江永嘉龙下唐代青瓷窑址发掘简报［M］［T］ ………………………………………………	浙江省文物考古研究所 温州市文物保护考古所 永嘉县文化馆	2012	11	16

3. 碑 志

碑 刻

题目	作者	年份	期	页
河南浚县大伾山龙洞摩崖 ………………………………………	杭 侃	1998	6	61
浙江新昌董村水晶矿摩崖题刻 ……………………………………	梁少膺	1998	6	71
明云龙纹石函 ……………………………………………	陶富海 陶 倩	1998	7	79
内蒙古赤峰市翁牛特旗元代"张氏先茔碑"与"住童先德碑" ………………………………………………………………	王大方	1999	7	64
两件雕饰精美的南宋石马及有关石象生 ……………………………	汤毓贤	1999	8	78
关于山东北朝摩崖刻经书丹人"僧安道壹"的两个问题 ………	张伟然	1999	9	65
山东青州北齐《临淮王像碑》［M］［T］ ……………………………	孙新生	1999	9	71
邹城发现汉代石雕人像 …………………………………………………	郑建芳	2000	7	84

论述及研究·专题·碑志

连云港市东连岛东海琅邪郡界域刻石调查报告

	连云港市文管会办公室			
……………………………………………	连云港市博物馆	2001	8	22
连云港始建国界域刻石浅论 …………………………………………	滕昭宗	2001	8	56
关于山西运城发现的北周刻石题记 ………………………………	卫 斯	2002	6	94
也谈山西运城发现的北周刻石题记 …………………………………	俞伟超	2002	9	96
北齐摩崖刻经的书体与隶书大字的书刻方法 ……………………	刘 涛	2003	5	82
正定出土五代巨型石龟碑座及残碑 …………………… 郭玲娣	樊瑞平	2003	8	67
明嘉靖陕西《创建军器局记》碑简释 ………………… 西安市大清真寺		2003	10	92
浙江长兴博物馆藏的两通明碑 ………………………………………	梁奕建	2004	2	94
澳门连峰庙碑刻钟铭的一些新发现 …………………………………	谭世宝	2004	12	66
唐昭陵陪葬蒋王妃元氏墓发现题记石柱 ……………………………	李浪涛	2004	12	83
陕西长安兴教寺发现唐代石刻线画"搗练图" …………………	刘合心	2006	4	69
新发现的北魏《大代持节幽州刺史山公寺碑》				
…………………………………………… 吴 荭 张陇宁	尚海啸	2007	7	89
南汉《康陵地宫哀册文碑》释文补正 ………………………………	李 发	2007	8	95
襄人与羌胡				
——四川中江塔梁子东汉崖墓榜题补释 ……………………	霍 巍	2009	6	69
西安市东郊枣园苏村出土唐代齐璋墓前碑石〔M〕				
…………………………………………… 西安市文物保护考古所		2009	8	83
洛阳偃师水泉石窟摩崖碑记释读 …………………………………	贺玉萍	2009	11	73
西藏洛扎吐蕃摩崖石刻与吐蕃墓地的调查与研究〔M〕〔T〕				
…………………………………………… 霍 巍 新巴·达娃扎西		2010	7	56
洛阳偃师水泉石窟摩崖碑记释地 …………………………………	陈隆文	2011	6	44
洛阳发现元代古道观圣旨碑 ………………… 邢富华 王宇红	邢建洛	2011	8	65
论赤借微噶（Blon Khri She'u Ka）				
——都兰吐蕃三号墓出土藏文碑刻考释				
………………………………… 宗喀·漾正冈布 英加布	刘铁程	2012	9	56
成都新出汉碑两种释读〔M〕 …………………………… 赵 超	赵久湘	2012	9	62
襄人不是胡人				
——四川中江塔梁子东汉崖墓榜题考 ……………………	龙 腾	2013	2	95

论述及研究·专题·碑志

宋《开州守廨题名记》石刻研究 ……………………… 刘业沣 刘继东 2013 6 92

北周史君墓双语铭文及相关问题 …………………………………… 杨军凯 2013 8 49

北魏《邸府君之碑》考释 …………………… 梁松涛 王丽敏 刘雪彦 2013 11 78

记美国芝加哥富地自然史博物馆藏唐代镇墓石刻

…………………………………………………………… 白 彬 葛林杰 2013 11 87

阆中石室观《隗先生石室记》 …………………………………… 孙 华 2014 8 53

墓志、地券

山东发现东汉墓志一方 ……………………… 李储森 张晓光 孙建华 1998 6 73

元代李圭墓志考 ……………………………………………… 周晓薇 1998 6 74

甘肃宁县发现后周买地券 ……………………………………… 张 弛 1998 6 76

韩德威和耶律元佐墓志铭考释 …………………………………… 金永田 1998 7 73

开封发现北魏郑胡墓志砖 ………………………… 郭世军 刘心健 1998 11 82

河北迁安县发现北魏墓志 ………………………… 李子春 刘学梓 1998 11 84

湖北京山县出土明高阶墓志 …………………………………… 熊学斌 1998 11 85

唐皇甫炜夫人白氏墓志考释 …………………………………… 李献奇 1998 12 84

唐张弘宗墓志考释 ……………………………………………… 褚卫红 1999 1 90

洛阳发现"郑"刘开妻孟夫人墓志 ……………………… 马三鸿 张书良 1999 1 92

洛阳发现的王铎篆书墓志铭 ………………………… 谢新建 李永强 1999 7 71

洛阳邙山出土金代买地券 ………………………… 褚卫红 严 辉 1999 12 88

正定发现纪的篆盖的杨宜苍墓志 ……………………… 刘友恒 樊瑞平 2000 8 93

偃师出土颜真卿撰并书郭虚己墓志［M］［T］ ……… 樊有升 鲍虎欣 2000 10 85

唐张说墓志考释 …………………………………………………… 李献奇 2000 10 91

《虞弘墓志》中的几个问题 …………………………………… 张庆捷 2001 1 102

北魏宋绍祖墓两处铭记析 ………………………… 张庆捷 刘俊喜 2001 7 58

西安新出土《隋元世斌墓志》考证 ………………………… 王其祎 2001 8 59

一件关于柔然民族的重要史料

——隋《虞弘墓志》考 …………………………………… 罗 丰 2002 6 78

《王建之妻刘媚子墓志》中的"涅阳" ………………………… 刘 涛 2002 7 93

关于《西安新出土《隋元世斌墓志》考证》的几点看法

………………………………………………………………… 毛阳光 2002 11 94

论述及研究·专题·书籍、文书

篇名	作者	年份	期	页
新出唐米文辩墓志铭试释 ………………… 孙继民 李 伦 马小青		2004	2	88
隋《虞弘墓志》所见史事系年考证 ……………………………… 杨晓春		2004	9	74
后晋石重贵石延煦墓志铭考 …………………………… 都兴智 田立坤		2004	11	87
辽秦国太妃晋国王妃墓志考 ………………………………………… 万雄飞		2005	1	88
磁县出土北齐赵炽墓志 ………………………………………………… 张子英		2007	11	95
《王殷墓志》《江氏墓志》考 …………………………… 谢 飞 张志忠		2008	2	73
北周康业墓志考略 …………………………… 程林泉 张翔宇 山下将司		2008	6	82
明赵胜墓志考 ………………………………………………… 贾利民 张中华		2008	9	61
《王康墓志》《向氏墓志》《张氏墓志》浅释				
……………………………………………………………… 谢 飞 张志忠		2009	8	87
洛阳龙门新村出土隋代墓志 …………………………… 洛阳市文物工作队		2009	11	89
新出柳公权撰《韩复墓志》考释［M］…………………………… 赵力光		2009	11	91
有关玄武门事变和中外关系的新资料				
——唐张弼墓志研究 ……………………………………………… 胡明曌		2011	2	70
文徵明书《张文麟墓志》研究 ……………………………………… 周公太		2011	2	75
唐刘氏墓志考 ……………………………………………………………… 梁永照		2011	4	75
江苏灌南刘氏墓志与吴承恩的祖居地 ……………… 李洪甫 张步军		2011	4	78
洛阳出土明代买地券 ………………………… 邢富华 邢建洛 司马国红		2011	8	69
美国大都会博物馆藏唐徐府君墓志 ……………………………… 唐红炬		2012	9	71
唐郭仲文墓志及其家族葬地考 …………………………… 杨军凯 杨 洁		2012	10	77
新出土《唐故突骑施王子志铭》考释 ……………………………… 葛承雍		2013	8	79
北魏高树生及妻韩期姬墓志考 ……………………………………… 王连龙		2014	2	80
蒙古国新出土仆固墓志研究 ……………………………………… 杨富学		2014	5	77
蒙古国出土金微州都督仆固墓志考研 ……………………………… 冯恩学		2014	5	83
陕西延安新出土唐吐火罗人罗何含墓志［M］ ……………… 段志凌		2014	8	63

4. 书籍、文书

简 牍

篇名	作者	年份	期	页
释郭店简祭公之顾命 ……………………………………………… 李学勤		1998	7	44

论述及研究·专题·书籍、文书

篇名	作者	年份	期	页
初读简本《老子》〔M〕	陈鼓应	1998	10	55
楚简《五行》试论〔M〕〔T〕	邢　文	1998	10	57
长沙走马楼简牍整理的新收获〔M〕〔T〕	王　素　宋少华　罗　新	1999	5	26
长沙走马楼三国孙吴简牍三文书考证〔M〕〔T〕	胡平生	1999	5	45
周家台30号秦墓竹简"秦始皇三十四年历谱"释文与考释	彭锦华	1999	6	63
尹湾汉墓《博局占》木牍试解〔M〕〔T〕	曾蓝莹	1999	8	62
长沙走马楼三国孙吴简牍三文书新探	王　素	1999	9	43
简帛书籍的发现及其影响〔M〕〔T〕	李学勤	1999	10	38
居延汉简时制问题探讨	尚民杰	1999	11	80
秦简《归藏》与《周易》用商〔M〕〔T〕	邢　文	2000	2	58
简牍制度新探〔M〕〔T〕	胡平生	2000	3	66
敦煌悬泉汉简内容概述〔M〕〔T〕	甘肃省文物考古研究所	2000	5	21
敦煌悬泉汉简释文选	甘肃省文物考古研究所	2000	5	27
《尹湾汉墓〈博局占〉木牍试解》订补	李解民	2000	8	73
《简牍制度新探》引文校对	石　皓	2000	8	76
江陵张家山汉简《算数书》释文〔M〕〔T〕	江陵张家山汉简整理小组	2000	9	78
中国最早的数学著作《算数书》〔T〕	彭　浩	2000	9	85
《长罗侯费用簿》及长罗侯与乌孙关系考略	张德芳	2000	9	91
嘉禾《吏民田家莂》中的"士"和"复民"质疑	高　敏	2000	10	79
敦煌悬泉汉简释文修订	何双全	2000	12	63
定州西汉中山怀王墓竹简《六韬》释文及校注	河北省文物研究所定州汉墓竹简整理小组	2001	5	77
定州西汉中山怀王墓竹简《六韬》的整理及其意义〔M〕〔T〕	河北省文物研究所定州汉墓竹简整理小组	2001	5	84
《长罗侯费用簿》应为《过长罗侯费用簿》	王子今	2001	6	76
秦简《效律》"饮水"释义	彭　浩	2001	12	65
秦简《律书》的乐律与占卜〔M〕〔T〕	戴念祖	2002	1	79
试说张家山简《史律》〔M〕〔T〕	李学勤	2002	4	69

题目	作者	年份	期	页
从《二年律令》看西汉前期的赐爵制度〔M〕〔T〕	高　敏	2002	9	49
读张家山汉简《行书律》	彭　浩	2002	9	54
张家山汉简《收律》与家族连坐	李均明	2002	9	60
周家台秦简历谱校正	刘信芳	2002	10	80
周家台30号秦墓历谱新探	黄一农	2002	10	84
略谈走马楼孙吴"中书典校事吕壹"简的意义	王　素　汪力工	2002	10	88
走马楼吴简中的建安纪年简问题	罗　新	2002	10	92
初读里耶秦简〔M〕〔T〕	李学勤	2003	1	73
出土秦汉简牍"历日"正名	邓文宽	2003	4	44
陕西历史博物馆藏武都汉简　　王子今	申秦雁	2003	4	48
上博简《子羔》《从政》篇的竹简拼合与编连问题小议	陈　剑	2003	5	56
上博简《鲁邦大旱》简论〔M〕〔T〕	刘乐贤	2003	5	60
虎溪山汉简《阎氏五胜》及相关问题〔M〕〔T〕	刘乐贤	2003	7	66
竹书《容成氏》共、滕二地小考	陈　伟	2003	12	89
《昔者君老》与"世子法"	彭　浩	2004	5	86
论葛陵楚简的年代〔M〕〔T〕	李学勤	2004	7	67
张家山汉简中的"卿"	于振波	2004	8	73
说"罚估"——吴简所见免役资料试释	张荣强	2004	12	57
新蔡葛陵楚墓竹简中的薜辞	于　弢	2005	1	69
走马楼舟船属具简与中国帆船史的新认识	王子今	2005	1	72
说新蔡楚简"婴之以兆玉"及其相关问题	罗新慧	2005	3	88
秦简《天官书》的中星和古度〔M〕	钟守华	2005	3	91
《秦律十八种·徭律》应析出一条《兴律》说	王　伟	2005	10	91
上海博物馆藏竹简《容成氏》"凡民俾敓者"考	白于蓝	2005	11	88
长沙东牌楼东汉简牍选释〔M〕〔T〕	王　素	2005	12	69
长沙东牌楼东汉简牍所见书体及书法史料价值	刘　涛	2005	12	76
上海博物馆藏楚简《仲弓》试探　　黄人二	林志鹏	2006	1	82
上海博物馆藏楚竹书《墨子》佚文〔M〕	曹锦炎	2006	7	49

论述及研究·专题·书籍、文书

试释楚简《鲍叔牙与隰朋之谏》［M］［T］ …………………… 李学勤 2006 9 90

张家山汉简《算数书》"饮漆"考 ………………… 大川俊隆 田村诚 2007 4 86

试析与郭店楚简共存的木片俑［M］［T］ …………………… 崔仁义 2007 9 88

里耶秦简和孔家坡汉简中的职官省称 ……………………… 刘乐贤 2007 9 93

秦汉"小女子"称谓再议 …………………………………… 王子今 2008 5 70

视日、日书和叶书［M］

——三种简帛文献的区别和定名 …………………………… 李 零 2008 12 73

悬泉汉简中的建除占"失"残文 …………………………… 刘乐贤 2008 12 81

岳麓书院所藏秦简综述［M］［T］ ………………………… 陈松长 2009 3 75

清华大学藏战国竹简《保训》释文

…………………………………… 清华大学出土文献研究与保护中心 2009 6 73

论清华简《保训》的几个问题［M］［T］ …………………… 李学勤 2009 6 76

岳麓书院秦简考校 ………………………………………… 陈 伟 2009 10 85

水泉子汉简初识［M］ ………………………… 张存良 吴 荭 2009 10 88

印台汉简《日书》初探 ………………………………………… 刘乐贤 2009 10 92

谈谈《连山》和《归藏》［M］ ………………………………… 宋镇豪 2010 2 48

上海博物馆藏战国竹书《楚辞》［M］ …………………… 曹锦炎 2010 2 59

长沙吴简中的"月旦簿"与"四时簿"［M］ ……………… 王 素 2010 2 63

清华简九篇综述［M］［T］ ………………………………… 李学勤 2010 5 51

走马楼竹简"邪""耶"称谓使用的早期实证 ……………… 王子今 2010 5 58

侯马与温县盟书中的"岳公"［M］ ……………………… 魏克彬 2010 10 76

说东牌楼汉简《桂阳大守行丞事南平丞印缄》 ……………… 孙闻博 2010 10 84

玉门金鸡梁出土的木牍和封检 …………………… 王 策 吴 荭 2011 2 55

清华简《系年》及有关古史问题［M］［T］ ………………… 李学勤 2011 3 70

《楚居》中的樊字及出土楚文献中与樊相关文例的释读 ……… 李守奎 2011 3 75

中国最早的"升官图"

——说孔家坡汉简《日书》的《居官图》及相关材料

………………………………………………………………… 李 零 2011 5 68

论汉简《葬律》中的祭奠之礼［M］ ……………………… 高崇文 2011 5 80

放马滩秦简日书《占病崇除》与投掷式选择 …………………… 陈 伟 2011 5 85

北京大学藏西汉竹书概说［M］［T］ ……… 北京大学出土文献研究所 2011 6 49

北京大学藏西汉竹书分述

篇目	作者	年份	期	页
北大汉简《苍颉篇》概述 ………………………………………… 朱凤瀚				
北大藏西汉竹书《赵正书》简说 ……………………………… 赵化成				
北大汉简《老子》简介 ………………………………………… 韩 巍				
北大竹书《周驯》简介 ………………………………………… 阎步克				
北大汉简《妄稽》简述 ………………………………………… 何 晋		2011	6	57
北大藏汉简《反淫》简说 …………………………… 傅 刚 邵永海				
北大汉简中的数术书 ………………………………………… 李 零				
北大汉简中的《雨书》 ………………………………………… 陈苏镇				
北大汉简数术类《六博》《荆决》等篇略述 ……………… 陈侃理				
北京大学藏汉代医简简介 …………………………… 李家浩 杨泽生				
试说《楚居》"妣𨻻羊"［M］ ………………………………… 赵平安	2012	1	75
清华简《耆夜》句解 …………………………………………… 黄怀信	2012	1	77
说"金錞" …………………………………………………… 刘国胜	2012	1	80
"邦无飤人"与"道毋飤人"［M］ ……………………………… 李 零	2012	5	68
北京大学藏秦简牍室内发掘清理简报［M］［T］				
………………………………………… 北京大学出土文献研究所	2012	6	32
简牍发掘方法浅说				
——以北京大学藏秦简牍室内发掘为例 ………… 胡东波 常怀颖	2012	6	57
北京大学藏秦简牍概述［M］［T］ ………… 北京大学出土文献研究所	2012	6	65
北大藏秦简《从政之经》述要 …………………………………… 朱凤瀚	2012	6	74
北大秦牍《泰原有死者》简介 …………………………………… 李 零	2012	6	81
北大秦简中的数学文献 …………………………………………… 韩 巍	2012	6	85
北大秦简中的方术书 …………………………………………… 陈侃理	2012	6	90
新整理清华简六种概述［M］［T］ ……………………………… 李学勤	2012	8	66
清华简《周公之琴舞》与周颂 …………………………………… 李守奎	2012	8	72
《芮良夫诫》初读 …………………………………………… 赵平安	2012	8	77
新疆龟兹研究院藏木简调查研究简报［M］［T］				
新疆龟兹研究院				
……………………………… 北京大学中国古代史研究中心	2013	3	25
中国人民大学国学院西域历史语言研究所				

论述及研究·专题·书籍、文书

从吐火罗B语词汇看龟兹畜牧业〔M〕 ………………………… 庆昭蓉 2013 3 58

岳麓书院藏秦简《为狱等状四种》概述〔M〕

…………………………………………… 岳麓书院藏秦简整理小组 2013 5 77

岳麓秦简"为伪私书"案例及相关问题…………………………… 陈松长 2013 5 84

湖南长沙五一广场东汉简牍发掘简报〔M〕〔T〕

…………………………………………… 长沙市文物考古研究所 2013 6 4

清华简《筮法》与数字卦问题〔M〕〔T〕 ………………………… 李学勤 2013 8 66

清华简《筮法》篇与《说卦传》…………………………………… 廖名春 2013 8 70

清华简《算表》概述……………………………………… 李均明 冯立昇 2013 8 73

说《容成氏》"民乃赛"及相关问题 ………………………………… 唐洪志 2013 8 76

新疆龟兹研究院藏龟兹语诗文木牍 ………………………………… 荻原裕敏 2013 12 76

佚存日本的《魏征时务策》钩沉〔M〕

——日本出土木简对中国佚书复原研究的意义……………… 葛继勇 2013 12 81

里耶秦方与"书同文字" ………………………………………… 陈侃理 2014 9 76

岳麓书院秦简《徭律》的几个问题……………………………… 陈 伟 2014 9 82

帛 书

读帛书本《春秋事语》〔M〕〔T〕 ………………………………… 吴荣曾 1998 2 35

马王堆帛书《刑德》甲、乙本的比较研究〔M〕〔T〕 ………… 陈松长 2000 3 75

马王堆帛书《式法》释文摘要〔M〕〔T〕

…………………………………………… 马王堆汉墓帛书整理小组 2000 7 85

马王堆帛书"物则有形"图初探〔M〕 ………………………… 陈松长 2006 6 82

帛书"九主图残片"略考〔M〕 …………………………………… 陈松长 2007 4 79

马王堆帛书"空白页"及相关问题………………………………… 陈松长 2008 5 75

文书、档案、经卷

山西省图书馆藏宋金元刻经简介〔M〕〔T〕

…………………………………………… 陈文秀 赵冬生 温必涛 1998 6 66

清宫档案中雍正帝批复的一桩贿卖秀才案 ………………………… 李国荣 1999 11 92

敦煌文书与唐史研究〔M〕〔T〕 …………………………………… 王永兴 2000 8 41

从敦煌写经和壁画看中国卷轴书画格式的起源和形成〔M〕〔T〕

…………………………………………………………………… 张朋川 2000 8 52

河北宣化藏明崇祯年诰命 ………………………………… 李敬斋 刘海文 2001 7 88

略谈香港新见吐鲁番契券的意义

——《高昌史稿·统治编》续论之一 …………………………… 王 素 2003 10 73

从河北隆化鸽子洞元代文书谈元代的失刺斡耳朵 ……………… 王大方 2004 5 76

关于前凉讨伐戊己校尉赵贞的新资料〔M〕

——大谷文书8001号考释 …………………………………… 王 素 2006 6 88

新获吐鲁番出土文献概说〔M〕〔T〕

…………………………………………………… 荣新江 李 肖 孟宪实 2007 2 41

吐鲁番新发现的《唐龙朔二年西州高昌县思恩寺僧籍》〔M〕〔T〕

…………………………………………………………………… 孟宪实 2007 2 50

吐鲁番新出土唐开元《礼部式》残卷考释 …………………… 雷 闻 2007 2 56

新出吐鲁番文献中的古诗习字残片 …………………… 李 肖 朱玉麒 2007 2 62

吐鲁番新出阚氏王国《论语郑氏注》写本补说 ……………… 王 素 2007 11 70

释"庆元儒学洋山砂岸复业公据"中的八思巴文

………………………………………………… 照那斯图 罗·乌兰 2008 8 74

关于吐鲁番新出阚氏王国张祖墓表的几个问题 ……………… 王 素 2009 1 41

孙中山两张借款单据辨伪〔M〕 ………………………………… 谭世宝 2011 12 83

样式雷世家族谱考略 …………………………………… 何蓓洁 史 箴 2013 4 74

新见宋刊刘仕隆宅本《钜宋广韵》刻年考辨〔M〕 …………… 刘 明 2014 6 91

信札、日记、题记

滇西抗战期间李根源信函五件 …………………………………… 杨升义 1999 3 94

版本、印刷

康有为《大同书》成书年代的新发现 ………………………… 朱仲岳 1999 3 92

故宫博物院藏秘籍二种 ………………………………………… 李国强 1999 8 88

《钱陈群六十小像》非闵贞作品考 ………………………….… 房学惠 1999 11 87

朱启钤《样式雷考》疏证 ………………………………… 张 威 陈 秀 2003 12 67

5. 书画、雕刻

绘 画

篇名	作者	年份	期	页
中国古代的建筑画 [M][T]	傅熹年	1998	3	75
八大山人的《猫石图》[M][T]	王方宇	1998	4	53
记五件傅山的早期作品 [M][T]	白谦慎	1998	5	75
《鹊华秋色图》卷再再考 [M][T]	丁羲元	1998	6	77
清代周珣《云龙图》简介	赵智强	1998	6	86
徐璋的人物肖像画	聂崇正	1998	11	77
叶欣小本山水册页	李 萍	1999	2	84
宋《蜀川胜概图》考	蓝 勇	1999	4	54
乾隆皇帝的汉装画像图	刘 潞	1999	5	83
胡廷晖作品的发现与《明皇幸蜀图》的时代探讨 [M][T]	杨 新	1999	10	94
《文潞公者英会图》考析 [M][T]	杨 新	1999	12	74
史有别号人画来——唐寅《梧阳子养性图》考辨	赵晓华	2000	8	78
《溪岸图》之我见 [M][T]	杨 新	2000	11	72
论《溪岸图》真伪问题 [M][T]	方 闻	2000	11	76
青州傅家北齐线刻画像补遗	夏名采	2001	5	92
任熊自画像作年考 [M]	丁羲元	2002	2	93
明代后期鉴藏家关于六朝绘画知识的生成与作用——以"顾恺之"的概念为线索	尹吉男	2002	7	86
传顾恺之《女史箴图》与中国古代艺术史 [M][T]	方 闻	2003	2	82
瑞典藏唐纸本水墨淡彩《仕女图》初探	张 弓	2003	7	85
文徵明《杂画卷》考释	娄 玮	2004	3	88
试析明人《五同会图》卷	杨丽丽	2004	7	89
石涛与八大山人的共同友人退翁考	朱良志	2005	2	86
清宫旧藏《鸟谱》	李 湜	2005	6	92

论述及研究·专题·书画、雕刻

题目	作者	年份	期	页
八大、石涛友人退翁补说	许全胜	2005	10	95
清宫洋画家王致诚考略	明晓艳	2006	2	92
明清书画"中堂"样式的缘起〔M〕〔T〕	张朋川	2006	3	87
明晚期吴门诸家书画合册〔M〕〔T〕	张朋川	2007	12	84
新发现贯休《罗汉图》研究〔M〕	杨 新	2008	5	87
麦积山瑞应寺藏清代纸牌水陆画的初步整理〔M〕	夏朗云	2009	7	79
安徽省博物馆藏《甲申浙东海防图》	黄秀英	2009	9	88
一幅难得的《赈荒图》〔M〕	杨 新	2010	4	45
《野墅平林图》考〔M〕〔T〕	林梅村	2010	12	66
元孟玉涧《黄鸟图》辨析〔M〕	杨 新	2011	7	61
故宫博物院藏乾隆时期《兽谱》	袁 杰	2011	7	65
如意馆画士沈振麟及其御容像〔M〕〔T〕	李 湜	2012	4	75
画史小补两则〔M〕	杨 新	2013	4	63
记厉鹗、周京与汪沆书	于中航	2013	4	70
新见《康熙南巡图》第六卷残本考〔M〕	聂崇正	2013	8	84
《乾隆古装雪景行乐图》考证	刘 辉	2013	8	88
四川博物院藏两件敦煌绢画〔M〕 董华锋	林 玉	2014	1	93

书 法

题目	作者	年份	期	页
元张雨两件书法作品的辨伪〔M〕〔T〕	刘九庵	1998	2	72
梁朝的两本《千字文》及书法	刘 涛	2002	3	92
赵孟頫行书《洛神赋》真伪鉴考〔M〕	王连起	2002	8	78
《王宠行书述病帖》考	傅红展	2004	12	74
元陆继善摹《兰亭序》考〔M〕	王连起	2006	5	87
闻宥先生落照堂藏大盂鼎墨本跋 张长寿	闻 广	2008	10	88
跋落照堂藏毛公鼎拓本——落照堂藏拓之二 张长寿	闻 广	2009	2	44
跋落照堂藏颂鼎颂盘拓本〔M〕——落照堂藏拓之三 张长寿	闻 广	2009	9	49
陆柬之和他的兰亭诗〔M〕	王连起	2010	2	77
美国芝加哥菲尔德博物馆藏宋拓兰亭序跋〔M〕	陈松长	2010	2	87

论述及研究·专题·书画、雕刻

跌落照堂藏端方砾拓十扇 [M]

——落照堂藏拓之四 ……………………………… 张长寿 闻 广 2010 5 38

杨慎《行书禹碑考证卷》真伪考辨及文献价值 ………………… 王亦旻 2010 5 78

《定武兰亭序》吴炳本之吴炳考 [M] …………………………… 郭 丹 2014 7 82

壁 画

寺院壁画的考察与研究 [M][T] …………………………………… 金维诺 1998 4 38

辽墓壁画试读 [M][T] …………………………………………… 罗世平 1999 1 76

内蒙古赤峰宝山辽壁画墓"颂经图"略考……………………… 吴玉贵 1999 2 81

内蒙古赤峰宝山辽墓壁画"寄锦图"考 [M][T] …………… 吴玉贵 2001 3 92

洛阳北郊石油站汉墓壁画图像考辨 …………………………………… 贺西林 2001 5 65

大同智家堡北魏墓石椁壁画 [M][T] ……………… 王银田 刘俊喜 2001 7 40

洛阳北魏元怿墓壁画 ……………………………………………… 徐婵菲 2002 2 89

袁台子壁画墓的再认识 …………………………………………… 田立坤 2002 9 41

"树下老人"与唐代的屏风式墓中壁画 …………………………… 赵 超 2003 2 69

关于洛阳三座汉壁画墓的年代序列问题 ……………………… 杨哲峰 2003 3 59

变迁与转折 [M][T]

——试论西藏西部帕尔嘎尔布石窟壁画考古发现的意义

…………………………………………………………………… 霍 巍 2003 9 36

北齐徐显秀墓墓主画像有关问题 [M][T] …………………… 郑 岩 2003 10 58

北齐新画风

——参观太原徐显秀墓壁画随感 ……………………………… 罗世平 2003 10 63

略谈徐显秀墓壁画的菩萨联珠纹 …………………………………… 荣新江 2003 10 66

独乐寺观音阁壁画调查 [M][T] ………………………………… 纪烈敏 2004 3 78

中江塔梁子崖墓壁画榜题考论 [M] ……………… 王子今 高大伦 2004 9 64

关于西藏帕尔嘎尔布石窟的一幅壁画 ……………………………… 罗 炤 2004 11 86

南京西善桥宫山"竹林七贤"壁画墓的时代 [M][T] ……… 韦 正 2005 4 75

虞弘墓人兽搏斗图像及其文化属性 ……………………………… 齐东方 2006 8 78

大同沙岭北魏壁画墓出土漆皮文字考 [M][T]

…………………………………………………… 赵瑞民 刘俊喜 2006 10 78

试谈酒泉丁家闸5号壁画墓的时代 ……………………………… 韦 正 2011 4 41

敦煌壁画中的经架〔M〕〔T〕

——兼议莫高窟第156窟前室室顶南侧壁画题材 ………… 郭俊叶 2011 10 70

大同新发现两座北魏壁画墓年代初探 ………………… 张庆捷 刘俊喜 2011 12 52

西安地区汉代壁画墓特点浅析 …………………………………… 张翔宇 2012 10 71

岩 画

阴山岩画新发现 ………………………………………	巴彦淖尔市文物工作站	2008	10	70
	巴彦淖尔市博物馆			
阴山格尔敖包沟岩画新发现〔M〕 ………………	巴彦淖尔市博物馆	2010	8	48
	巴彦淖尔市文物工作站			
岩画研究的考古学方法 …………………………………… 任 萌 王建新	2013	3	67

画像石、画像砖、砖石雕刻、雕塑

江苏六合南朝画像砖墓 ……………………………………… 南京市博物馆 1998 5 19

六合县文物保管所

山西壶关南村宋代砖雕墓砖雕题材试析〔M〕〔T〕 ……………赵 超 1998 5 41

贵州金沙县汉画像石墓清理 …………………… 贵州省文物考古研究所 1998 10 42

宋金元仿木结构砖雕墓及其乐舞装饰〔M〕〔T〕 ……………… 廖 奔 2000 5 81

山东微山县西汉画像石墓 …………………………… 微山县文物管理所 2000 10 61

山东微山县出土的汉画像石 …………………………… 微山县文物管理所 2000 10 68

山东平阴孟庄东汉画像石墓 ……………………… 济南市文化局文物处 2002 2 38

平阴县博物馆

山东栖霞汉画像石墓 …………………………… 烟台市博物馆 2002 7 82

栖霞县文物管理所

河北滦县出土东汉画像石棺 …………………………… 李子春 赵立国 2002 7 84

山东临朐北朝画像石墓 ………………………………………… 宫德杰 2002 9 36

唐肃宗建陵出土石生肖俑 ………………………………………… 李浪涛 2003 1 95

河南南阳桑园路东汉画像石墓 …………… 南阳市古代建筑保护研究所 2003 4 71

刘氏家族造思惟像年代及有关北朝思惟像问题 ………………… 胡国强 2003 5 75

孟庄汉墓立柱画像石考释 ……………………………………… 李锦山 2004 5 73

北魏石雕三品 ………………………………………… 王银田 曹臣民 2004 6 89

论述及研究 · 专题 · 书画、雕刻

题目	作者	年份	期	页
大同智家堡北魏墓棺板画 [M][T] ………………… 刘俊喜 高 峰		2004	12	35
山西离石石盘汉代画像石墓 ……………………………………… 王金元		2005	2	42
洛阳出土一批汉代壁画空心砖 ……………………………………… 沈天鹰		2005	3	76
山东莒县东莞出土汉画像石 ……………………………………… 刘云涛		2005	3	81
北周史君墓石椁所见之粟特商队 [M][T] ………………… 荣新江		2005	3	47
河北清苑发现宋皇祖陵石象生 ……………………………………… 金家广		2005	4	93
山东临淄出土一件汉代人物圆雕石像 ……………………………… 王新良		2005	7	91
河北内邱出土北朝石神兽 ……………………………………………… 巨建强		2005	7	92
唐肃宗建陵出土石武将头 ……………………………………………… 李浪涛		2005	11	91
江苏徐州佛山画像石墓 ……………………………………… 徐州博物馆		2006	1	45
重庆忠县泰始五年石柱 [M] ……………………………………… 孙 华		2006	5	80
天堂喜宴 [M]				
——青海海西州郭里木吐蕃棺板画笺证 ………………… 罗世平		2006	7	68
大同七里村北魏杨众庆墓砖铭析 ………………………………… 张志忠		2006	10	82
记新发现的嘉峪关毛庄子魏晋墓木板画 [M][T]				
………………………………………………………… 孔令忠 侯晋刚		2006	11	75
贴落画及其在清代宫廷建筑中的使用 ……………………………… 聂 卉		2006	11	86
山东嘉祥新发现的汉画像石 …………………… 嘉祥县文物管理局		2007	1	94
山东泰安出土的一块汉画像石 ……………………………………… 赵 鹏		2007	1	96
徐州新发现的汉画像石 ……………………………… 杨孝军 郝利荣		2007	2	81
江苏徐州贾汪汉画像石墓 ……………………………… 郝利荣 杨孝军		2008	2	65
四川三台黄明月一号画像崖墓 ……………………………………… 钟 治		2008	2	69
河南永城保安山汉画像石墓 ……………………………… 永城市文物局 永城市博物馆		2008	7	80
山西吕梁地区征集的汉画像石 …………………… 吕梁地区文物局		2008	7	84
北周康业墓石榻画像札记 ……………………………………………… 郑 岩		2008	11	67
内蒙古巴林左旗出土彩绘木棺 ……………………………………… 张兴国		2009	3	93
山西离石马茂庄建宁四年汉画像石墓 ……………………………… 王双斌		2009	11	84
安徽萧县新出土的汉代画像石 ……………………………………… 周水利		2010	6	59
江苏泗洪曹庙出土的东汉画像石 ………………… 尹增淮 江 枫		2010	6	66
吉首大学博物馆藏宣晓刑徒砖 ……………………………………… 张敏波		2011	7	85

北魏尉迟定州墓石棺封门石铭文 ………………………… 殷 宪 刘俊喜 2011 12 47

陕西神木大保当东汉画像石墓 [M][T]

西 北 大 学 文 博 学 院
陕 西 省 考 古 研 究 院
………………………………………… 2011 12 72
榆林市文物考古勘探工作队
神 木 县 文 物 管 理 办 公 室

河南南阳景庄东汉画像石墓 ………………………… 南阳市文物考古研究所 2012 4 64

山东滕州出土北斗星象画像石 ……………… 朱 磊 张 耘 燕燕燕 2012 4 71

唐贞顺皇后敬陵石椁 [M][T] ……………………… 程 旭 师小群 2012 5 74

略论洛阳新近出土的西晋铭文砖 ………………………… 张鸿亮 严 辉 2012 12 59

浙江余杭小横山南朝画像砖墓 M109 发掘简报

杭州市文物考古研究所
………………………………………………… 2013 5 47
余 杭 博 物 馆

湖北谷城六朝画像砖墓发掘简报 [M][T] …………… 谷城县博物馆 2013 7 26

洛阳吉利区西晋墓出土刻砖铭文释读 ……………………………… 鹏 宇 2013 8 95

"猿骑"考 [M][T]

——借助汉代画像资料的探索 ………………………………… 王子今 2014 5 56

明凤阳皇陵神道石刻研究 ……………………………………… 刘 毅 2014 5 63

汉代画像石中的繁马图像解读 …………………………………… 刘海宇 2014 5 89

6. 城址、古建筑

城 址

中国古代宫城考古学研究的几个问题 [M][T] ……………… 刘庆柱 1998 3 49

湖北公安鸡鸣城遗址的调查 [M][T] ………… 荆州博物馆 贾汉清 1998 6 25

四川省郫县古城遗址调查与试掘 [M][T]

成都市文物考古工作队
………………………………………………… 1999 1 32
郫 县 博 物 馆

营盘遗址相关历史地理学问题考证

——从营盘遗址非"注宾城"谈起 …………………………… 李文瑛 1999 1 43

论述及研究 · 专题 · 城址、古建筑

内蒙古中南部新石器时代石城址初步研究 [M][T]

…………………………………………………… 魏 坚 曹建恩 1999 2 57

台城辩 …………………………………………………… 郭湖生 1999 5 61

澧县城头山古城址1997~1998年度发掘简报 [M][T]

…………………………………………………… 湖南省文物考古研究所 1999 6 4

郑州西山仰韶时代城址的发掘 [M][T]

…………………………………………… 国家文物局考古领队培训班 1999 7 4

关于西山城址的特点和历史地位 …………………………………… 钱耀鹏 1999 7 41

青州城考略 [M][T]

——青州城与龙兴寺之一 …………………………………… 宿 白 1999 8 47

龙兴寺沿革 [M][T]

——青州城与龙兴寺之二 …………………………………… 宿 白 1999 9 37

青州龙兴寺窖藏所出佛像的几个问题 [M][T]

——青州城与龙兴寺之三 …………………………………… 宿 白 1999 10 44

明周王府紫禁城的初步勘探与发掘 [M][T] ……… 开封宋城考古队 1999 12 66

渤海国上京龙泉府外城正北门址发掘简报 [M][T]

…………………………………………… 黑龙江省文物考古研究所 牡丹江市文物管理站 2000 11 4

现代城市中古代城址的初步考查 [M][T] …………………… 宿 白 2001 1 56

四川省郫县古城遗址1997年发掘简报 [M][T]

…………………………………………… 成都市文物考古研究所 郫 县 博 物 馆 2001 3 52

湖北应城陶家湖古城址调查 [M][T] ……………… 李桃元 夏 丰 2001 4 71

澧县鸡叫城城址试掘简报 [M][T] ……… 湖南省文物考古研究所 2002 5 58

河南荥阳大师姑夏代城址的发掘与研究 …… 王文华 陈万卿 丁兰坡 2004 11 61

四川石渠县松格嘛呢石经城调查简报 [M][T]

…………………………………………… 故 宫 博 物 院 四川省文物考古研究院 2006 2 21

炭河里城址的发现与宁乡铜器群再研究 [M][T] …………… 向桃初 2006 8 35

唐长安城崇化坊遗址发掘简报

…………………………………… 西北大学文化遗产与考古学研究中心 2006 9 45

论述及研究·专题·城址、古建筑

2003 年度元中都皇城南门的发掘 [M][T]

……………………………………………… 河北省文物研究所 张家口市文物管理处 2007 1 50 张北县元中都遗址管理处

江西景德镇丽阳古城址调查试掘简报 ……… 故宫博物院 江西省文物考古研究所 2007 3 34 景德镇市陶瓷考古研究所

南京明故宫午门勘测简报 ……………………………… 南京市文物研究所 2007 12 66

从城墙夯筑技术看早商诸城址的相对年代问题 …… 袁广阔 侯 毅 2007 12 73

洛阳东周王城东城墙遗址 2004 年度发掘简报 [M][T]

……………………………………………… 郑州大学历史学院 洛阳市文物工作队 2008 8 15

黑龙江宝清炮台山汉魏城址试掘简报 ……… 黑龙江省文物考古研究所 2009 6 43

渤海上京城第四阶段考古发掘主要收获 [M][T]

……………………………………………… 黑龙江省文物考古研究所 2009 6 51

河南新郑望京楼二里岗文化城址东一城门发掘简报 [M][T]

……………………………………………… 郑州市文物考古研究院 2012 9 4

大都无城 [M][T]

——论中国古代都城的早期形态 ……………………………… 许 宏 2013 10 61

古建筑

浙江桐乡普安桥遗址发掘简报 [M][T]

……………………… 北京大学考古学系 浙江省文物考古研究所 联合考古队 1998 4 61 日本上智大学

对含元殿遗址及原状的再探讨 [M][T] ……………………… 傅熹年 1998 4 76

山西隰县千佛庵大雄宝殿建筑、彩塑创建年代新探 …………… 吴 锐 1998 5 65

山西介休祆神楼古建筑装饰的图像学考察 [M][T] ………… 姜伯勤 1999 1 56

福建罗源陈太尉宫建筑 ………………………………………… 张十庆 1999 1 67

中国古代院落布置手法初探 [M][T] …………………………… 傅熹年 1999 3 66

澳门著名历史建筑 [M][T] …………………………………… 李世源 1999 11 43

论述及研究·专题·城址、古建筑

题目	作者/单位	年份	期	页
魏晋南北朝建筑装饰研究 [M][T]	钟晓青	1999	12	52
秦安大地湾建筑遗址略析 [M][T]	钟晓青	2000	5	62
黄河小浪底盐东村汉函谷关仓库建筑遗址发掘简报 [M][T]	洛阳市第二文物工作队	2000	10	12
洛阳西郊龙池沟唐代西苑宫殿遗址调查 [M][T]	严 辉	2000	10	35
渤海国上京龙泉府宫城第二宫殿遗址发掘简报 [M][T]	黑龙江省文物考古研究所 吉林大学考古学系 牡丹江市文物管理站	2000	11	13
中国古代建筑外观设计手法初探 [M][T]	傅熹年	2001	1	74
试论盐东建筑遗址及相关问题	朱 亮	2001	6	72
郑州商城北大街商代宫殿遗址的发掘与研究 [M][T]	河南省文物考古研究所	2002	3	32
西藏阿里东嘎佛寺殿堂遗址的考古发掘 [M][T]	四川大学中国藏学研究所 四川大学历史文化学院考古系 西藏自治区文物事业管理局	2002	8	34
杭州南宋临安府衙署遗址 [M][T]	杭州市文物考古所	2002	10	32
山西平顺回龙寺测绘调研报告 [M][T]	北京大学考古文博学院	2003	4	52
南京钟山南朝坛类建筑遗存一号坛发掘简报 [M][T]	南京市文物研究所 中山陵园管理局文物处 南京大学历史系考古专业	2003	7	18
广东澄海龟山汉代建筑遗址	广东省文物考古研究所 澄海市博物馆 汕头市文物管理委员会	2004	2	27
窑洞式建筑的产生及其环境考古学意义	钱耀鹏	2004	3	69
垣北商城一号宫殿基址初步研究	杜金鹏	2004	5	50
山西省夏县司马光墓余庆禅院的建筑 [M][T]	山西省夏县司马光墓文物管理所	2004	6	47
偃师二里头遗址4号宫殿基址研究 [M][T]	杜金鹏	2005	6	62

论述及研究·专题·城址、古建筑

篇名	作者	年份	期	页
河南开封明周王府遗址的初步勘探与试掘 ………… 开封市文物工作队		2005	9	46
金汴京（开封）皇宫考略 ………………………………………… 刘春迎		2005	9	70
角直保圣寺大殿复原探讨［M］［T］ ……………………………… 张十庆		2005	11	75
重庆市云阳县明月坝唐宋寺庙遗址发掘简报［M］［T］				
…………………………………………… 四川大学历史文化学院考古学系 重庆市云阳县文物管理所		2006	1	30
甘肃崇信武康王庙 ……………………………………………………… 陶　荣		2006	3	72
论南京钟山南朝坛类建筑遗存的性质［M］［T］ ……………… 张学锋		2006	4	58
重庆忠县邓家沱石阙的初步认识 …………………………………… 李　锋		2007	1	69
南宋径山寺法堂复原探讨［M］［T］ ……………………………… 张十庆		2007	3	68
陵川龙岩寺金代建筑及金代文物 …………………………………… 张驭寰		2007	3	82
霍州大堂与霍州州署的布局 ……………………………………… 李志荣		2007	3	86
洛阳瞿家屯东周大型夯土建筑基址发掘简报［M］［T］				
…………………………………………………………… 洛阳市文物工作队		2007	9	43
洛阳瞿家屯东周大型夯土建筑基址的初步研究 ……… 徐昭峰　朱　磊		2007	9	67
重庆云阳旧县坪台基建筑发掘简报［M］［T］				
…………………………………………… 吉林省文物考古研究所 云阳县文物管理所		2008	1	22
2006年甘肃礼县大堡子山21号建筑基址发掘简报［M］［T］				
……………………………………………… 早期秦文化联合考古队		2008	11	4
紫禁城宫殿建筑中的垂花门 ………………………………………… 郑燕梅		2009	4	80
山西长子慈林镇布村玉皇庙 ……………………………… 徐怡涛　苏　林		2009	6	87
新疆和田达玛沟佛寺考古新发现与研究［M］［T］ …………… 巫新华		2009	8	55
福建顺昌宝山寺大殿 …………………………………… 楼建龙　王益民		2009	9	65
昆明太和宫金殿研究 …………………………………… 张剑葳　周双林		2009	9	73
兖州兴隆寺沿革及相关问题 ……………………………… 肖贵田　杨　波		2009	11	75
大同操场城北魏太官粮储遗址初探［M］ …………………… 张庆捷		2010	4	53
秦始皇帝陵园北门勘探简报 ………………………… 秦始皇帝陵博物院 秦始皇兵马俑博物馆		2010	6	31
古蜀大社（明堂·昆仑）考［M］ ——金沙郊祀遗址的九柱遗迹复原研究 …………………… 杨鸿勋		2010	12	80

论述及研究·专题·城址、古建筑

题目	作者	年份	期	页
潞城原起寺大雄宝殿年代新考 …………………………………………	贺大龙	2011	1	59
浙江德清宋代寿昌桥与永安桥、源洪桥比较研究 ………………	孙荣华	2011	4	63
洛阳孟津朱仓东汉帝陵陵园遗址相关问题的思考［M］［T］ ……………………………………………… 严 辉 张鸿亮 卢青峰		2011	9	69
青海省境内明长城保存现状分析与保护对策 ……………………	蒲天彪	2011	9	86
安徽宣城水东镇［M］ …………………………………………………	耿 朔	2011	10	83
浙江义乌黄山八面厅及其木雕 …………………………………………	朱俊琴	2012	8	87
斗拱的斗纹形式与意义［M］［T］——保国寺大殿截纹斗现象分析 ……………………………	张十庆	2012	9	74
云南剑川沙溪镇 …………………………………………………	张胜男 杨泽雄	2012	9	90
楼兰LB佛寺考 ……………………………………………………	陈晓露	2013	4	86
四川宜宾喜捷槽坊头明代白酒作坊遗址发掘简报［M］［T］ ……………………………………………… 四川省文物考古研究院 宜 宾 市 博 物 院		2013	9	47
山西武乡会仙观［M］ …………………………………………………	林 源	2013	9	89
甘肃榆中金崖镇 ……………………………………………………	黄跃昊	2013	10	72
山东临朐白龙寺遗址发掘简报［M］［T］ ……………………………………… 山 东 省 文 物 考 古 研 究 所 苏 黎 世 大 学 东 亚 美 术 系 伦 敦 大 学 学 院 考 古 学 院 山东临朐山旺古生物化石博物馆		2014	1	69
福建浦城云峰寺大殿［M］［T］ ……………………	楼建龙 陈建云	2014	2	87
河南社旗赊店镇 ……………………………………………………	唐 新	2014	3	87
甘肃秦安陇城镇 …………………	杨富巍 王建斌 刘 妍 杨春风	2014	3	93
内蒙古锡林郭勒元上都城址阙式宫殿基址发掘简报［M］［T］ ……………………………………………… 内 蒙 古 师 范 大 学 内蒙古文物考古研究所 内蒙古文物保护中心		2014	4	45
秦人的十个陵区［M］［T］ ………………	焦南峰 孙伟刚 杜林渊	2014	6	64
汉平帝康陵布局试析 ………………………………………………	马永赢	2014	6	77
山西芮城广仁王庙唐代木构大殿 …………………………………	贺大龙	2014	8	69

苏州罗汉院大殿复原研究 [M][T] …………………………… 张十庆 2014 8 81

建筑材料

大同近年发现的几件北魏石础 ……………………………………… 张 丽 1998 4 75

新发现的西汉"尹寿亦王"铭文瓦当…………………………… 梁晓景 2000 10 43

洛阳新出西汉瓦当铭文刍议 ……………………………………… 陈根远 2001 3 68

南京出土南朝橡头装饰瓦件 ……………………………… 贺云翱 邵 磊 2001 8 52

南京出土的六朝人面纹与兽面纹瓦当 [M][T] ……………… 贺云翱 2003 7 37

阜阳博物馆收藏的汉代瓦当 ……………………………………… 杨玉彬 2004 4 91

陕西甘泉县发现汉代"家"字云纹瓦当……………… 王勇刚 赵文琦 2004 9 96

陕西甘泉出土的战国瓦当 ……………………………… 王勇刚 赵文琦 2005 12 22

安阳修定寺塔出土模砖再探讨 ……………………………………… 钟晓青 2006 3 79

论南京大行宫出土的孙吴云纹瓦当和人面纹瓦当 …… 王志高 马 涛 2007 1 78

陕西甘泉县出土瓦当试析 ……………………………………… 申云艳 2007 9 71

贵州赫章可乐出土的西汉纪年铭文瓦当 …………………………… 张 元 2008 8 63

三峡地区出土唐宋瓦当的类型和时代 …………………………… 李映福 2009 3 62

南京出土六朝橡当初研 [M] …………………………………… 贺云翱 2009 5 56

宝鸡发现龙山文化时期建筑构件 …………………… 宝鸡市考古研究所 2011 3 44

7. 宗教文物

造像、塑像

青州龙兴寺佛教造像窖藏清理简报 [M][T] … 山东省青州市博物馆 1998 2 4

正定收藏的部分北朝佛教石造像 ………………………… 王巧莲 刘友恒 1998 5 70

四川石窟现存的两尊万回像 [M][T] ………………………… 罗世平 1998 6 57

雍和宫法轮殿内的释迦牟尼佛像 ……………………………………… 李立祥 1998 6 64

河北省征集的部分十六国北朝佛教铜造像 …………… 裴淑兰 冀艳坤 1998 7 67

山东东平理明窝摩崖造像 ………………………………… 张 总 郑 岩 1998 8 72

广西上林出土佛教铜造像 …………………… 陈小波 封绍柱 叶展新 1998 9 81

关于北魏和平六年交脚菩萨像的补正 ………………………………… 金 申 1998 10 41

论述及研究·专题·宗教文物

成都市西安路南朝石刻造像清理简报［M］［T］

题目	作者	年份	期	页
………………………………………………… 成都市文物考古工作队 成都市文物考古研究所		1998	11	4
陕西城固出土的钱树佛像及其与四川地区的关系 ………………	罗二虎	1998	12	63
扬州城东路出土五代金佛像 ………………………………………	李则斌	1999	2	80
山东惠民出土一批北朝佛教造像［M］［T］ … 惠民县文物事业管理处		1999	6	70
山东昌邑保垛寺故址出土石造像 …………………………………	王君卫	1999	6	82
大理国大日如来鎏金铜佛像 ………………………………………	杭 侃	1999	7	61
北齐赵郡王高睿造像及相关文物遗存 ……………………………	刘建华	1999	8	66
试论成都地区出土的南朝佛教石造像［M］［T］ ………………	李裕群	2000	2	64
四川唐代佛教造像与长安样式［M］［T］ ………………………	罗世平	2000	4	46
析龙兴寺造像中的"蟠龙" ………………………… 王华庆	庄明军	2000	5	46
青州龙兴寺出土背屏式佛教石造像分期初探 ………… 夏名采	王瑞霞	2000	5	50
缤纷入世眼 雕琢尽妙谛 ——青州佛像断想 …………………………………………	丁明夷	2000	6	90
太原市晋阳古城遗址出土北朝汉白玉石造像 …………………	李爱国	2001	5	90
山东东平华严洞造像 ……………………………………… 张 总	吴绑刚	2001	9	64
成都市商业街南朝石刻造像［M］［T］ ……………… 张肖马	雷玉华	2001	10	4
四川省博物馆藏万佛寺石刻造像整理简报［M］［T］ …………	袁曙光	2001	10	19
四川大学博物馆收藏的两尊南朝石刻造像 ………………………	霍 巍	2001	10	39
大同市博物馆藏三件北魏石造像 ……………………………………	曹彦玲	2002	5	92
四川安县文管所收藏的东汉佛像摇钱树 …… 何志国 刘佑新	谢明刚	2002	6	63
论西藏扎达皮央佛寺遗址新出土的几尊早期铜佛像 ……………	霍 巍	2002	8	70
山东临朐明道寺舍利塔地宫佛教造像清理简报［M］［T］ …………………………………………………………………	临朐县博物馆	2002	9	64
临朐县博物馆收藏的一批北朝造像［M］［T］ ………………	宫德杰	2002	9	84
辽庆州白塔藏释迦佛涅槃石像 ……………………………………	田彩霞	2002	11	93
西安市出土的一批隋代佛道造像 ……………………………………	翟春玲	2002	12	82
四川彭州龙兴寺出土石造像［M］［T］ ……… 彭州市博物馆 成都市文物考古研究所		2003	9	74
正定广惠寺华塔内的二尊唐开元年白石佛造像 ……… 郭玲娣	樊瑞平	2004	5	78

论述及研究·专题·宗教文物

两件北魏"真王五年"造像铭考〔M〕…………………………… 胡国强 2004 9 70

四川钱树和长江中下游部分器物上的佛像〔M〕〔T〕

——中国南方发现的早期佛像札记 …………………………… 宿 白 2004 10 61

平顺荐福寺遗址出土的佛教石造像及龙门寺部分造像

…………………………………………… 崔利民 刘 林 宋文强 2004 11 68

甘肃宁县出土北朝石造像〔M〕〔T〕 ……………… 甘肃省宁县博物馆 2005 1 76

山东青州出土北朝石刻造像 …………………………………… 青州博物馆 2005 4 88

灵岩寺石刻造像考〔M〕〔T〕 …………………………………… 李裕群 2005 8 79

西安市东郊出土北周佛立像〔M〕〔T〕 ……………… 赵力光 裴建平 2005 9 76

陕西长武出土一批北魏佛教石造像〔M〕〔T〕 ………………… 刘双智 2006 1 65

四川茂县点将台唐代佛教摩崖造像调查简报

…………………………………………… 四川省文物考古研究院 2006 2 40

四川省茂县博物馆

流传海外的一批西藏西部早期铜造像〔M〕 …………………… 霍 巍 2006 7 90

佛装概念与汉地佛装类型演变 ………………………………… 陈悦新 2007 4 60

四川汶川出土的南朝佛教石造像〔M〕 …… 雷玉华 李裕群 罗进勇 2007 6 84

浙江普陀山法雨寺背屏式造像 ………………………………… 陈悦新 2008 4 90

山东寿光龙兴寺遗址出土北朝至隋佛教石造像 ……… 宫德杰 袁庆华 2008 9 65

安丘市博物馆藏北朝佛教石造像 …………………………… 刘冠军 2008 10 92

四川绵阳碧水寺唐代摩崖造像调查〔M〕〔T〕

四川省文物考古研究院

…………………………………………… 四川大学艺术学院 2009 2 57

绵阳市文物局

西安窦寨村北周佛教石刻造像〔M〕〔T〕 …… 西安市文物保护考古所 2009 5 86

山东平原出土北齐天保七年石造像 ………………… 张立明 蔡连国 2009 8 69

四川广元皇泽寺新发现的唐代石刻摩崖造像 ………… 罗宗勇 王剑平 2009 8 72

龙门石窟北魏佛衣类型 ………………………………………… 陈悦新 2010 7 77

四川阆中石室观隋唐摩崖造像 ……………… 蒋晓春 郑勇德 刘富立 2013 7 59

河南浚县大佛的年代 ………………………………………… 陈悦新 2013 9 83

山西沁县南泉北魏佛教摩崖石刻考 ………………………… 李裕群 2014 1 61

山东临朐白龙寺遗址佛教造像探析 ………………… 倪克鲁 李振光 2014 1 82

论述及研究·专题·宗教文物

试释新疆达玛沟遗址出土千眼坐佛木板画 [M]	严耀中	2014	2	71
云冈石窟研究院收藏的一件北魏菩萨石造像 ………… 刘建军 解 华		2014	3	65
河北威县发现北朝佛造像 [M] ……………… 邱忠鸣 李轩鹏 王 新		2014	3	68
成都地区南朝石刻造像佛衣的类型 ……………………………… 陈悦新		2014	3	72

石窟寺

陕西石窟概论 [M][T] ………………………………………… 韩 伟	1998	3	67
驼山石窟开凿年代与造像题材考 ……………………………… 李裕群	1998	6	47
河北张家口下花园石窟 [M][T] ……………………………… 刘建华	1998	7	60
山西隰县七里脚千佛洞石窟调查 ……………………… 郑庆春 王 进	1998	9	71
敦煌莫高窟北区洞窟清理发掘简报 [M][T] ……… 彭金章 沙武田	1998	10	4
封龙山石窟开凿年代与造像题材 [M][T] …………………… 李裕群	1998	10	67
岩香寺石窟调查报告 [M][T] …………………………………… 韩 革	1999	4	59
山西昔阳石马寺石窟及摩崖造像 ……………………… 晋 华 翟盛荣	1999	4	69
关于新疆龟兹石窟的吐蕃窟问题 ………………………………… 姚士宏	1999	9	68
剑川石窟			
北 京 大 学 考 古 学 系			
——1999年考古调查简报……………… 云 南 大 学 历 史 系	2000	7	71
剑川石窟考古研究课题组			
敦煌石窟考古的回顾与反思 [M][T] ………………………… 马世长	2000	8	46
关于云冈石窟新编窟号的补充说明 ………………………………… 李雪芹	2001	5	87
龙门石窟新发现4个洞窟 ………………………………………… 杨超杰	2001	9	73
西藏阿里札达县象泉河流域发现的两座佛教石窟			
四 川 大 学 中 国 藏 学 研 究 所			
………………………………………… 四川大学历史文化学院考古系	2002	8	63
西藏自治区文物事业管理局			
陕西淳化金川湾三阶教刻经石窟 [M][T] ………… 张 总 王保平	2003	5	65
西藏阿里札达县帕尔嘎尔布石窟遗址 [M][T]			
四 川 大 学 中 国 藏 学 研 究 所			
四川大学历史文化学院考古系			
……………………………………… 西 藏 自 治 区 文 物 局	2003	9	42
西藏阿里地区文化广播电视局			

论述及研究·专题·宗教文物

西藏阿里札达县帕尔宗遗址坛城窟的初步调查

四川大学中国藏学研究所

四川大学历史文化学院考古系

…………………………………………… 2003 9 60

西 藏 自 治 区 文 物 局

西藏阿里地区文化广播电视局

云冈石窟文物研究所

云冈石窟第3窟遗址发掘简报［M］［T］ ……… 山西省考古研究所 2004 6 65

大 同 市 博 物 馆

克孜尔石窟前的木构建筑 ………………………………………… 魏正中 2004 10 75

中央美术学院石窟艺术考察队

山西晋城碧落寺石窟调查记 ………… 2005 7 82

山西省泽州县旅游文物管理中心

大同北魏方山思远佛寺遗址发掘报告［M］［T］ ……… 大同市博物馆 2007 4 4

榆林窟第25窟壁画藏文题记释读［M］［T］ ………… 谢继胜 黄维忠 2007 4 70

西藏阿里札达县象泉河流域卡俄普与西林窟石窟地点的初步调查［M］［T］

四川大学中国藏学研究所

…………………………………………… 四川大学历史文化学院考古系 2007 6 49

西 藏 自 治 区 文 物 局

对西藏西部新发现的两幅密教曼荼罗壁画的初步考释 ………… 霍 巍 2007 6 43

麦积山石窟第4窟庑殿顶上方悬崖建筑遗迹新发现［M］［T］

附：麦积山中区悬崖坍塌3窟龛建筑遗迹初步清理

…………………………………… 麦积山石窟艺术研究所考古研究室 2008 9 71

山西高平石堂会石窟 …………………………………… 李裕群 衣丽都 2009 5 67

山西寿阳石佛寺石窟 …………………………………………… 李裕群 2012 2 84

新疆拜城亦狭克沟石窟调查简报［M］［T］

新 疆 龟 兹 研 究 院

…………………………… 中国人民大学国学院西域历史语言研究所 2013 12 56

北 京 大 学 中 国 古 代 史 研 究 中 心

塔、幢及其他

北魏洛阳永宁寺塔复原探讨［M］［T］ ………………………… 钟晓青 1998 5 51

甘肃省博物馆藏几件佛教文物 …………………………………… 李永平 1998 9 64

论述及研究·专题·宗教文物

瓯海出土"无垢净光陀罗尼经函"不是东晋物 ………………… 谷 君 1999 5 92

成都东门大桥出土佛顶尊胜陀罗尼石经幢

………………………………………………… 成都市文物考古研究所 2000 8 91

洛阳地区唐代石雕塔 …………………………………… 严 辉 李春敏 2001 6 51

陕西周至大秦寺塔记〔M〕〔T〕 ……………………………… 李崇峰 2002 6 84

房山石经之源与静琬的传承 ……………………………………… 罗 炤 2003 3 86

20世纪的泉州摩尼教考古 ……………………………………… 林悟殊 2003 7 71

跋隋《故静证法师碎身塔》 ……………………………………… 严耀中 2003 8 60

山西稷山出土崇化寺唐开元石经幢 ……………………………… 王泽庆 2003 8 64

涿州智度寺塔初探 ……………………………………… 田 林 杨昌鸣 2004 5 89

新发现的日本珍贵文物〔M〕〔T〕

——平清盛泥金写本《阿弥陀经》 …………………………… 沈乃文 2004 8 75

定州开元寺塔塔刹发现一批文物 …………………………………… 贾敏峰 2004 10 55

浙江平湖发现署名郑和的《妙法莲华经》长卷〔M〕〔T〕 …… 程 杰 2005 6 54

陕西礼泉赵镇出土唐代阿弥陀石像塔铭 ……………………… 李浪涛 2006 4 81

高昌火祆教遗迹考〔M〕 ……………………………………… 林梅村 2006 7 58

山东东平洪顶山摩崖刻经考察〔M〕〔T〕

山 东 省 石 刻 艺 术 博 物 馆

…………………………………… 德 国 海 德 堡 学 术 院 2006 12 79

中国社会科学院世界宗教研究所

洛阳新出土《大秦景教宣元至本经及幢记》石幢的几个问题〔M〕〔T〕

……………………………………………………………… 罗 炤 2007 6 30

西藏阿里札达县象泉河流域白东波村早期佛教遗存的考古调查

四 川 大 学 中 国 藏 学 研 究 所

…………………………………… 四川大学历史文化学院考古系 2007 6 69

西 藏 自 治 区 文 物 局

《大方等陀罗尼经》的"十二梦王"石刻图像 ………………… 刘建军 2007 10 87

安阳灵泉寺北齐双石塔再探讨 …………………………………… 钟晓青 2008 1 85

五台山南禅寺旧藏北魏金刚宝座石塔 …………………………… 李裕群 2008 4 82

苏州云岩寺塔彩绘浮塑图像的考察 ………………… 张朋川 宁方勇 2009 7 74

神王浮雕石佛座拓本考释 ……………………………………… 李裕群 2010 7 66

古代东亚诸国单层方塔研究

——兼探6~7世纪中韩日文化交流 ………………………… 苏铉淑 2010 11 71

宁夏彭阳明代砖塔 ……………………………………………… 陈凤娟 2010 11 81

前凉道符考释 …………………………………………………… 王元林 2011 4 49

山西安泽县郎寨唐代砖塔〔M〕 …………………………… 王春波 2011 4 53

河南中牟寿圣寺双塔 ……………………………………… 宋秀兰 别治明 2012 9 81

辽南京地区城镇中的经幢三例〔M〕 …………………………… 冀洛源 2013 6 57

洛阳发现唐代咸亨三年石塔 ………………………………………… 霍宏伟 2013 11 82

昆明大理国时期地藏寺经幢〔M〕 …………………… 高静铮 李晓帆 2014 4 80

8. 经 济

货 币

曹魏五铢考述〔M〕〔T〕 ………………………………………… 戴志强 1998 4 28

试论敦煌莫高窟北区出土的波斯银币和西夏钱币 …… 彭金章 沙武田 1998 10 22

洛阳小屯村发现东周空首布 ……………………………… 李 红 岳 梅 1998 12 87

"宋纸币版"的再检讨〔M〕〔T〕 ………………………………… 姚朔民 2000 4 58

广西贺县铁屎岭遗址北宋含锡铁钱初步研究〔M〕〔T〕

……………………………………………………… 周卫荣 李延祥 2000 12 73

崞岩出土金代窖藏铜钱 ……………………… 杨永芳 田甲辰 董玉芹 2001 9 79

新会出土的古钱币 ………………………………………………… 李锡鹏 2001 9 83

前所未见的"阳"字蚁鼻钱 ……………………………………… 杨凤翔 2001 9 96

华阴市出土大批北宋铁钱 …………………… 张芯侠 荆勤学 郭妙莉 2002 5 56

洛阳史家屯发现空首布和圜钱 ……………… 洛阳市第二文物工作队 2002 9 93

金"圣旨回易交钞"版考〔M〕 ………………………………… 姚朔民 2006 6 91

山东胶州发现大量宋代铁钱 ……………………………………… 鹿秀美 2009 9 96

河南通许出土一批魏国布币 ……………………………………… 李合群 2010 7 86

东汉五铢钱的分期研究 ………………………………… 徐承泰 范江欧美 2010 10 60

辽宁朝阳博物馆收藏的波斯萨珊王朝银币 ……………… 朝阳博物馆 2013 7 72

论述及研究 · 专题 · 经济

度量衡

篇名	作者	年份	期	页
陕西省礼泉县出土汉代铁权	李浪涛	1998	6	23
云南宾川发现明代铜权	孙 健	2000	11	62
两汉之际的"十斗"与"石""斛"	杨哲峰	2001	3	77
元"泉州路总管府"铜权	林德民	2001	7	87
咸阳博物馆收藏的一件秦铁权	张延峰	2002	1	87
山东莒南发现元代铜权	常玉英	2002	12	93

农业、水利

篇名	作者	年份	期	页
新疆的甘蔗种植和沙糖应用〔M〕〔T〕	季羡林	1998	2	39
中国稻作文化的起源和东传〔M〕〔T〕	安志敏	1999	2	63
汕头市广澳港南明沉船调查	广东省文物考古研究所 汕头市文化局	2000	6	44
中国新石器时代家畜起源的问题	袁 靖	2001	5	51
南京发现西晋水井	南京市博物馆	2002	7	15
上海市普陀区志丹苑元代水闸遗址发掘简报〔M〕〔T〕	上海博物馆考古研究部	2007	4	42
湖南长沙坡子街南宋木构涵渠遗址发掘简报〔M〕〔T〕	长沙市文物考古研究所	2013	6	39
山东聊城土桥闸调查发掘简报	山东省文物考古研究所 聊城市文物局 聊城市东昌府区文物管理所	2014	1	37

商业、交通

篇名	作者	年份	期	页
黄河古栈道的新发现与初步研究〔M〕〔T〕	张庆捷 赵瑞民	1998	8	48
黄河八里胡同栈道的勘测〔M〕〔T〕	洛阳市第二文物工作队	2002	11	47
黄河八里胡同栈道两则题记录文勘误	陈晓捷	2003	12	38
京杭运河水运、水利工程及其遗址特性讨论〔M〕	张廷皓 于 冰	2009	4	69

四川省文物考古研究院

四川南江米仓道调查简报 [M][T] ………… 巴 中 市 文 物 管 理 所 2013 9 35

南 江 县 文 物 管 理 所

9. 文化、生活

玉石器

周代的组玉佩 [M][T] ………………………………………… 孙 机	1998	4	4
商周时期的玉虎 [M][T] ……………………………………… 张绪球	1999	4	44
虢国墓地出土商代王伯玉器及相关问题 [M][T] … 贾连敏 姜 涛	1999	7	46
东亚珠饰四题 [M][T] ………………………………………… 邓 聪	2000	2	35
上海打浦桥明墓出土玉器 ………………………………………… 王正书	2000	4	82
牛河梁玉器初步研究 ……………………………………………… 刘国祥	2000	6	74
关于大甸子墓地玉器的分析 ……………………………………… 杨 晶	2000	9	69
秦怀后磬研究 [M][T] ……………………………………… 李学勤	2001	1	53
蜷体玉龙 [M][T] ……………………………………………… 孙 机	2001	3	69
湖南省博物馆收藏的一件战国时期楚刻铭玉璧 ………………… 邓昭辉	2001	4	96
洛阳博物馆藏汉代玉器选介 …………………………… 刘航宁 沈天鹰	2002	1	89
清代白玉浮雕龙凤纹盖壶 ………………………………………… 齐雅珍	2002	3	96
良渚文化玉质梳背饰及其相关问题研究 …………………………… 杨 晶	2002	11	56
规律性认识与古玉辨伪			
——北京故宫博物院鹰攫人首玉佩及上博与美国弗利尔美术馆			
玉舞人的考察 ………………………………………………… 杨建芳	2003	3	72
远古磬与夏代磬研究 ……………………………………………… 高 蕾	2003	5	45
"司南佩"考实 ………………………………………………… 王正书	2003	10	69
略论唐代仿金银器的玉石器皿 [M][T] …………… 卢兆荫 古 方	2004	2	77
成都金沙遗址出土玉琮初步研究 [M][T] ………… 朱章义 王 方	2004	4	66
琮璧名实臆测 …………………………………………………… 王仁湘	2006	8	69
玉屏花与玉逍遥 …………………………………………………… 孙 机	2006	10	86
新郑博物馆收藏的几件西周时期玉器 ………………… 杜平安 王惠霞	2007	8	88

论述及研究·专题·文化、生活

即墨市博物馆收藏的汉代玉舞人 …………………………………… 王灵光 2007 8 89

平山中山国墓葬出土玉器研究［M］ …………………………… 杨建芳 2008 1 53

齐国故城内发现一件带铭文石磬 …………………… 张龙海 张爱云 2008 1 95

史前玉器中的"双子琮"［M］［T］

——兼说良渚文化玉器上的兽面冠饰 …………………………… 王仁湘 2008 6 73

论肖家屋脊玉盘龙的年代及有关问题 ……………………………… 朱乃诚 2008 7 55

红山文化"玉巫人"的发现与"萨满式文明"的有关问题［M］

………………………………………………………………………… 郭大顺 2008 10 80

山东即墨市博物馆藏清代玉器 ……………………………………… 王灵光 2009 7 96

简论晋南地区龙山时代的玉器［M］ ……………………………… 栾丰实 2010 3 37

论红山文化玉兽面块形饰的渊源［M］ ……………………………… 朱乃诚 2011 2 47

金沙遗址出土石磬初步研究 ……………………………… 幸晓峰 王 方 2012 5 63

辽宁普兰店姜屯汉墓（M45）出土玉覆面复原研究

……………………………………………… 白宝玉 付文才 郑志宏 2012 7 69

汉杜陵陵区新出土的玉杯和玉舞人 …………………… 刘云辉 刘思哲 2012 12 73

辽宁朝阳博物馆收藏的元代窖藏器物 ……………………………… 朝阳博物馆 2013 5 90

锦州市博物馆藏清乾隆时期玉器 …………………………………… 刘 轫 2013 5 93

西安西郊出土唐玉带图像考 ……………………………………………… 王自力 2013 8 59

深化玉器研究的几个问题［M］ …………………………………… 杨建芳 2013 10 55

故宫博物院藏大型玉雕人兽像考略［M］［T］ ……………………… 朱乃诚 2014 7 68

斜口筒形玉器非龟壳说 ……………………………………………… 蒋卫东 2014 8 34

铁 器

四川蒲江发现汉代盐铁盆 ……………………………… 龙 腾 夏 晖 2002 9 95

甘肃临潭磨沟寺洼文化墓葬出土铁器与中国冶铁技术起源［M］

………………………………………… 陈建立 毛瑞林 王 辉 2012 8 45

                                              陈洪海 谢 焱 钱耀鹏

金银器

徐州狮子山西汉墓的金扣腰带 ……………………………… 邹厚本 韦 正 1998 8 37

科左后旗毛力吐发现鲜卑金凤鸟冠饰 ………………………………… 赵雅新 1999 7 39

新疆伊犁昭苏县古墓葬出土金银器等珍贵文物 [M][T] …… 安英新 1999 9 4

湖南津市发现元代金银器窖藏 …………………………………… 彭 佳 1999 9 34

记西安北郊谭家乡出土的汉代金饼 [M][T]

…………………………………………… 陕西省文物局文物鉴定组 2000 6 50

福建泰宁窖藏银器 ………………………………………………… 李建军 2000 7 65

成都市彭州宋代金银器窖藏 [M][T] ……… 彭州市博物馆 成都市文物考古研究所 2000 8 4

江阴长泾、青阳出土的明代金银饰 [M][T] ……… 唐汉章 翁雪花 2001 5 37

内蒙古凉城县小坝子滩金银器窖藏 ………………………………… 张景明 2002 8 50

北齐徐显秀墓出土的嵌蓝宝石金戒指 [M][T] …… 张庆捷 常一民 2003 10 53

北周史君墓出土的拜占庭金币仿制品析 [M][T] …………… 罗 丰 2005 3 57

凸瓣纹银、铜盒三题 ……………………………………………… 赵德云 2007 7 81

宋元金银首饰制作工艺刍论 …………………………………… 扬之水 2007 10 79

重庆奉节宝塔坪遗址出土的铭文金牌饰 …………………………… 冯恩学 2008 7 77

法门寺出土的银金花墨子与银金花破罗子 ……………………… 扬之水 2008 11 94

江苏江阴出土元代银器 …………………………………………… 翁雪花 2008 12 49

湖北竹山县博物馆收藏的一件西汉金带扣 …………… 杨海莉 李 强 2010 9 77

蚌埠双墩一号墓出土春秋晚期金箔研究

…………………………………… 秦 颍 黄 凰 李小莉 阚绪杭 2011 5 94

四川博物院收藏的一批辽宋金器 …………………………………… 张孜江 2012 1 85

南越王墓出土秦代"西共"银洗及相关问题 [M][T] ……… 全 洪 2012 2 66

湖南常德出土一批汉代金银饼 …………………………………… 王永彪 2013 6 66

论西辛战国墓裂瓣纹银豆 [M][T]

——兼谈我国出土的类似器物 ……………………………… 李 零 2014 9 58

兵 器

吉林长白朝鲜族自治县发现商相如铜戈

………………………………………… 长白朝鲜族自治县文物管理所 1998 5 91

湖南怀化出土一件"武王"铜戈 ………………………………… 向开旺 1998 5 93

攻敔王姑发邓之子曹鮪剑铭文简介 …………………… 朱俊英 刘信芳 1998 6 90

长平古战场出土三十八年上郡戈及相关问题 [M][T] ……… 郎保利 1998 10 78

论述及研究·专题·文化、生活

题目	作者	年份	期	页
山东蒙阴发现两件铭文铜戈 ………………… 孙昌盛 马 勇 塞丽丽		1998	11	94
呼和浩特出土汉代铁甲研究 …………………………………………	白荣金	1999	2	71
正定县文物保管所收藏的两件战国有铭铜戈 ………… 樊瑞平	王巧莲	1999	4	87
浙江安吉发现一件铜矛 ……………………………………………	程亦胜	1999	4	92
新见越王兵器及其相关问题〔M〕〔T〕 ……………………………	曹锦炎	2000	1	70
战国鄂王戈辨析二题〔M〕〔T〕 ……………………………………	李朝远	2000	2	52
安庆王家山战国墓出土越王丌北古剑等器物 …………………………	黄光新	2000	8	84
齐城左戈及相关问题 …………………………………………………	孙敬明	2000	10	74
论新发现的一件宜阳铜戈 ………………………………………………	蔡运章	2000	10	76
中原地区西周青铜短剑简论〔M〕〔T〕 ……………………………	张天恩	2001	4	77
中国东北地区、内蒙古地区和朝鲜北部青铜短剑的研究 ………	佟柱臣	2001	8	46
记新发现的越王不寿剑〔M〕〔T〕 …………………………………	曹锦炎	2002	2	66
烟台博物馆收藏的一件战国铜戈 …………………………………………	黄美丽	2002	5	95
江苏盱眙出土的蔡侯剑 ………………………………………………	秦士芝	2003	4	95
二年主父戈与王何立事戈考 ………………………………………………	董 珊	2004	8	61
洛阳宜阳县城角村发现战国有铭铜戈 ………………… 刘余力	褚卫红	2004	9	88
湖北鄂州新出一件有铭铜戈 ……………………………… 黄锡全	冯务健	2004	10	84
内蒙古新发现元代铜火铳及其意义〔M〕〔T〕				
………………………………………………… 钟少异 齐木德·道尔吉		2004	11	65
	砚 鸿 王兆春 杨 泓			
太仓市博物馆收藏的一件商代铜戈 ………………………………	吴聿明	2005	1	86
吴王寿梦之子剑铭文考释〔M〕〔T〕 ………………………………	曹锦炎	2005	2	67
中江塔梁子M3石刻兵器"弩"应为钩镶 ………………………	何志国	2005	6	53
泰安市博物馆收藏的一件"淳于右造"铜戈 ……………………	王丽娟	2005	9	93
秦俑坑新出土铜戈、戟研究 ……………………………… 蒋文孝	刘占成	2006	3	66
三年大将更弩机考 …………………………………………… 吴镇烽	师小群	2006	4	78
三年大将更弩机补释 ………………………………………………	张振谦	2006	11	62
巴蜀青铜兵器表面"虎斑纹"的考察、分析与研究				
……………………………………………………… 姚智辉 孙淑云		2007	2	67
	肖 璘 白玉龙			
对青铜镞长铤的模拟实验研究 …………………………………………	王运辅	2007	11	91

辽宁北票喇嘛洞十六国墓葬出土铁甲复原研究

	白荣金 万 欣			
…………………………………………………………		2008	3	70
	云 燕 俊 涛			
秦始皇十二年铜戈铭文考 …………………………………………	彭适凡	2008	5	67
叶县旧县四号春秋墓出土青铜兵器研究 ………………………………	井中伟	2009	11	63
古代东方和西方的铠甲系统［M］				
——参观"秦汉—罗马文明展"札记…………………………	杨 泓	2010	3	64
燕下都遗址出土铁胄 ………………… 河北易县燕下都遗址文物保管所		2011	4	31
早期玉剑具研究 ……………………………………………………	代丽娟	2011	4	84
我自铸铜铍及其相关问题 …………………………………	赵晓军 蔡运章	2011	9	73
湖南张家界新出战国铜矛铭文考略 …………………………………	陈松长	2011	9	76
古兵札记三题［M］ ……………………………………………	杨 泓	2012	6	45
王二年相邦义戈铭考 ……………………………………………	刘余力	2012	8	63
安徽六安出土蔡公孙霍戈考 ………………… 王长丰 李 勇	许 玲	2014	5	71

镜 鉴

略论中国古代人物镜［M］［T］ …………………………………	孔祥星	1998	3	58
花背镜初步考察［M］［T］ ………………………………………	何堂坤	1998	8	64
辽庆州白塔塔身嵌饰的两件纪年铭文铜镜 ………………………	清格勒	1998	9	67
合肥出土、征集的部分古代铜镜 …………………………………	程 红	1998	10	82
常德博物馆收藏的几件古代铜镜 …………………………………	郑祖梅	1998	10	86
清华大学图书馆收藏的部分古代铜镜 ……………… 关冀华	周春田	1999	2	89
洛阳道北西汉墓出土一件博局纹铜镜 ………………………………	刁淑琴	1999	9	89
湖北省十堰市博物馆收藏的一件铜镜 ………………………………	龚德亮	2001	8	71
宝鸡县博物馆藏历代铜镜选介 ………………………………………	董卫剑	2001	9	91
章丘市博物馆收藏的部分古代铜镜 ………………………	章丘市博物馆	2002	12	90
浙江安吉出土东汉四乳四神镜 ………………………………………	邱宏亮	2005	2	96
寿光市博物馆收藏的一件神人神兽纹铜镜 …………… 蔡凤书	贾效孔	2007	4	92
四川邛崃发现的三段式神仙铜镜 …………………………………	苏 奎	2008	7	91
洛阳发现的汉代博局镜 ………………………………… 褚卫红	朱郑慧	2008	9	95
洛阳发现的一件唐代山水禽兽纹铜镜 ………………………………	侯秀敏	2008	10	94

论述及研究 · 专题 · 文化、生活

汉式铜镜在中亚的发现及其认识〔M〕 ………………………… 白云翔 2010 1 78

浙江安吉出土汉代铜镜选粹 ………………………………………… 程永军 2011 1 75

阜阳市博物馆收藏的一件汉代铭文铜镜 ………………………… 董 波 2011 1 80

榆林学院陕北历史文化博物馆藏西汉彩绘铜镜 ……………… 吕 静 2011 9 79

西安新出土唐代铜镜 ………………………………………………… 张小丽 2011 9 80

潜山县博物馆藏战国两汉铜镜 ………………………………………… 李丁生 2013 2 86

阜阳市博物馆藏宋代铜镜 ………………………………………… 司学标 2013 2 92

漆 器

李汝宽先生捐赠的戗金经板及戗金漆工艺 ……………………… 陈丽华 2002 11 72

关于汉代漆器的几个问题 ………………………………………… 孙 机 2004 12 48

关于故宫藏几件清代无款器物的年代 ………………… 杨 勇 刘 岳 2013 7 75

略论宋元时期手工业的交流与互动现象

——以漆器为中心 ………………………………………………… 袁 泉 2013 11 63

法门寺地宫出土内置秘色瓷漆盒应为家具考 …………………… 聂 菲 2014 1 56

琉璃器

玻璃考古三则〔M〕〔T〕 ………………………………………… 安家瑶 2000 1 89

新疆且末扎滚鲁克墓地出土玻璃杯研究 …… 成 倩 王 博 郭金龙 2011 7 88

染织、服饰

湖北蕲春出土一件明代朱书文字上衣 ……………………………… 黄凤春 1999 8 84

辽庆州白塔所出丝绸的织染绣技艺〔M〕〔T〕 ………………… 赵 丰 2000 4 70

明代的束发冠、鬃髻与头面〔M〕〔T〕 ……………………… 孙 机 2001 7 62

东汉、六朝的朝服葬 ………………………………………………… 韦 正 2002 3 72

内蒙古兴安盟代钦塔拉辽墓出土丝绸服饰

　　　　　　　　　　　　　　　　　　内 蒙 古 博 物 馆

………………………………………………… 内蒙古兴安盟文物工作站 2002 4 55

　　　　　　　　　　　　　　　　　　中 国 丝 绸 博 物 馆

雁衔绶带锦袍研究 …………………………………………………… 赵 丰 2002 4 73

河北隆化鸽子洞元代窖藏〔M〕〔T〕 …………………… 隆化县博物馆 2004 5 4

论述及研究·专题·文化、生活

大衫与霞帔 [M] ………………………………………………… 赵　丰　2005　　2　　75

甘肃省博物馆新藏唐代丝绸的鉴定研究

………………………………………………… 林　健　赵　丰　薛　雁　2005　12　　60

蒙元龙袍的类型及地位 ………………………………………………… 赵　丰　2006　　8　　85

故宫藏清代宫廷织绣活计 ………………………………………………… 殷安妮　2007　　9　　76

论青海阿拉尔出土的两件锦袍 [M][T]

………………………………………………… 赵　丰　王　乐　王明芳　2008　　8　　66

新疆博物馆新收藏的纺织品 [M] ……………………………………… 王明芳　2009　　2　　83

唐系翼马纬锦与何稠仿制波斯锦 [M] …………………………………… 赵　丰　2010　　3　　71

新发现辽代丝绸装饰材料及工艺研究 …………………………………… 路智勇　2011　　2　　59

南京颜料坊出土东晋、南朝木屐考

——兼论中国古代早期木屐的阶段性特点 ……… 王志高　贾维勇　2012　　3　　41

战国对龙对凤纹锦研究 [M][T] ………… 赵　丰　罗　群　周　旸　2012　　7　　56

金玛与步摇 [M][T]

——汉晋命妇冠饰试探 ……………………………………………… 韦　正　2013　　5　　60

家具、文具

楚式俎研究 ……………………………………………………………… 聂　菲　1998　　5　　35

关于宋式弯腿带托泥供案 [M][T] ……………………………… 张十庆　2002　　3　　79

唐代端溪石砚的几个问题 ………………………………………… 全　洪　2004　　4　　71

袋形砚考

——北宋文人设计的一种砚式 ………………………………… 刘新园　2005　　5　　80

河南新安出土汉代铜镇 …………………………………… 刘富良　范新生　2005　　8　　94

三方古歙砚的纹理与其制作年代的考察 …………………………… 刘新园　2005　12　　52

"木辟邪"应为凭几考 ………………………………………………… 聂　菲　2006　　1　　61

再议袋形砚 ……………………………………………………………… 华慈祥　2006　11　　68

关于括囊砚的再讨论 ……………………………………………………… 江小民　2009　12　　76

宋代洮河石砚考 ……………………………………………………… 罗　扬　2010　　8　　84

乐舞、戏剧

且末扎滚鲁克竖箜篌的形制结构及其复原研究 [M][T] ……… 王子初　1999　　7　　50

定西地区出土的陶质乐器 ………………………………………… 何　钰　2001　5　48

秦始皇陵百戏俑的彩绘纹饰 ………………………………………… 张卫星　2002　3　65

新疆扎滚鲁克箜篌 ………………………………………………… 王　博　2003　2　56

新郑东周祭祀遗址1、4号坑编钟的音乐学研究［M］［T］ ……　王子初　2005　10　80

龙门石窟东山擂鼓台区乐舞资料的新发现 ……………………… 李晓霞　2007　10　94

龟兹舍利盒乐舞图新议 ………………………………………………… 扬之水　2010　9　66

重庆中国三峡博物馆收藏的古琴［M］ ……………………………… 唐冶泽　2012　12　80

工艺品及其他

刨与平推刨 …………………………………………………………… 李　澍　2001　5　70

平推刨和框架锯在我国是何时出现的 ……………………………… 刘国栋　2001　10　85

安徽省蚌埠市博物馆馆藏文物选介 …………………………………… 辛礼学　2002　1　91

牙璧研究［M］［T］ …………………………………………………… 栾丰实　2005　7　69

平木用"刨"新发现 ……………………………………………………… 赵吴成　2005　11　72

故宫博物院藏晚清宫廷绘画团扇 …………………………………… 李　湜　2010　5　90

清代宫廷琥珀艺术 ………………………………………………………… 许晓东　2011　3　79

论三星村遗址出土的板状刻纹骨器 ………………………………… 王　鹏　2012　9　51

新疆史前考古所出角觿考［M］［T］ ………………………………… 王鹏辉　2013　1　77

故宫博物院收藏的两对英国音乐钟表［M］ ………………………… 亓昊楠　2013　1　84

磬囊考［M］［T］ ………………………… 高移东　王银田　龚甜甜　2014　4　65

10. 古代科技

天文、历法

跋两篇敦煌佛教天文学文献［M］［T］ ………………………… 邓文宽　2000　1　83

秦汉之际（前220～前202年）朔闰考 ………………………………… 黄一农　2001　5　59

黑水城出土活字版汉文历书考 …………………………………………… 史金波　2001　10　87

《金天会十三年乙卯岁（1135年）历日》疏证 ………………… 邓文宽　2004　10　72

黑城出土《西夏皇建元年庚午岁（1210年）具注历日》残片考

…………………………………………………………………………… 邓文宽　2007　8　85

地 理

清代乾隆朝《西苑太液池地盘图》考 ………………… 王其亨 庄 岳 2003 8 77

乾隆十五年《京城全图》中的太液池

——清代《乾隆朝〈西苑太液池地盘图〉考》补证

…………………………………………………… 王其亨 庄 岳 2004 9 90

《郑芝龙航海图》考 [M][T]

——牛津大学博德利图书馆藏《雪尔登中国地图》名实辨

……………………………………………………………… 林梅村 2013 9 64

矿冶、铸造

中国早期铁器（公元前5世纪以前）的金相学研究 [M][T]

……………………………………………………………… 韩汝玢 1998 2 87

晋国青铜器铸造工艺中的两个问题 [M][T] ………………… 陶正刚 1998 11 71

徐州狮子山西汉楚王陵出土铁器的金相实验研究 [T]

	北京科技大学冶金与材料史研究所			
…………………………………	徐 州 汉 兵 马 俑 博 物 馆	1999	7	84

牛河梁冶铜炉壁残片研究 ……………………………………… 李延祥等 1999 12 44

河南新密发现大泉五十钱范 …………………………… 赵丙焕 冯智根 2001 9 77

北票喇嘛洞墓地出土铁器的金相实验研究 [M][T]

	北京科技大学冶金与材料史研究所			
…………………………………	辽 宁 省 文 物 考 古 研 究 所	2001	12	71

皖南古铜矿冶炼产物的输出路线 [M][T]

	秦 颍 王昌燧 张国茂			
……………………………………………	杨立新 汪景辉	2002	5	78

火烧沟四坝文化铜器成分分析及制作技术的研究 [M][T]

	北京科技大学冶金与材料史研究所			
…………………………………	甘 肃 省 文 物 考 古 研 究 所	2003	8	86

开封市文物商店收藏的一件半两钱石范 …………………………… 王 琳 2003 12 92

山西介休窑出土的宋金时期印花模范 …………………………… 孟耀虎 2005 5 37

论述及研究·专题·古代科技

北京琉璃河燕国墓地出土铜器的成分和金相研究

	张利洁	孙淑云			
……………………………………………………	殷玮璋	赵福生	2005	6	82

四川绵阳双包山汉墓出土金汞合金实物的研究

……………………………………………	梁宏刚	孙淑云	何志国	2006	4	90

安阳殷墟刘家庄北1046号墓出土铜器的化学组成分析

……………………………………………	赵春燕	岳占伟	徐广德	2008	1	92

福建武夷山城村汉城出土铁器的金相实验研究［M］

		陈建立	杨 琼			
……………………………………………………		张焕新	林繁德	2008	3	88

河南辉县发现的"大泉五十"钱范…………………… 张国硕 魏继印 2008 5 96

湖北盘龙城出土部分商代青铜器铸造地的分析［M］

		南普恒	秦 颍			
……………………………………………………		李桃元	董亚巍	2008	8	77

云南祥云红土坡古墓群出土金属器的初步分析［M］

		李晓岑	员雅丽			
……………………………………………………		刘 杰	李穆斌	2011	1	88

洛阳东周王城四号墓出土部分青铜器的金相分析［M］

…………………………………………………………		袁晓红	2011	8	77

广东东莞燕岭古采石场及采石技术 ……………………………… 谌小灵 2012 8 81

造 纸

陕西扶风出土汉代中颜纸的初步研究 ……………………………… 李晓岑 2012 7 93

新疆民丰东汉墓出土古纸研究 ……………… 李晓岑 郭金龙 王 博 2014 7 94

甘肃敦煌悬泉置纸制作工艺及填料成分研究

……………………………………………	龚德才	杨海艳	李晓岑	2014	9	85

车马、船舶、机械

北票新发现的三燕马具［M］ …………………………………… 陈 山 2003 3 52

北票新发现的三燕马具研究 …………………………………… 陈 山 2003 3 63

论喇嘛洞墓地出土的马具［M］ ………………………………… 田立坤 2010 2 69

甘肃马家塬战国墓马车的复原

——兼谈族属问题 …………………………………………… 赵吴成 2010 6 75

甘肃马家塬战国墓马车的复原（续一）〔M〕 ………………… 赵吴成 2010 11 84

古镜新考 〔M〕〔T〕 ……………………………………………… 田立坤 2013 11 50

甘肃张家川马家塬出土车厢侧板的实验室考古清理

…………………………………………… 韩 飞 王 辉 马燕如 2014 6 39

其 他

山东北部商周时期海盐生产的几个问题 ……………… 王 青 朱继平 2006 4 84

关于线切割、砣切割和砣刻 〔M〕〔T〕

——兼论始用砣具的年代 …………………………………… 杨建芳 2009 7 53

琢碾微痕探索在古玉研究中的功用 ……………………………… 陈启贤 2009 7 68

鲁北沿海地区先秦盐业遗址 2007 年调查简报 〔M〕〔T〕

…………………………………… 鲁北沿海地区先秦盐业考古课题组 2012 7 4

北京老山汉墓出土漆器残片的髹漆工艺研究 ………… 何秋菊 赵瑞廷 2013 10 85

11. 文物保护与科技考古

大理千寻塔蛙声回音研究 ……………… 黑龙江大学古建筑声学研究组 1998 6 42

云冈石窟彩绘颜料初步分析 …………………………………… 李 海等 1998 6 87

应用冷冻真空升华技术对出土漆器脱水的研究 ………………… 胡继高 1998 11 89

脂肪酸分析法与树木年轮年代测定法 ……………………………… 赵力华 1999 8 94

古陶瓷的同步辐射 X 射线荧光分析研究

	黄宇营	冼鼎昌			
………………………………………………………			2000	12	81
	李光城	吴应荣			

青花云龙纹象耳瓶热释光检测报告（一）…………… 王维达 夏君定 2000 12 84

青花云龙纹象耳瓶热释光检测报告（二）………… 沃勒冈大学地学院 2000 12 86

新疆哈密天山北路墓地出土铜器的初步研究 〔M〕〔T〕

北京科技大学冶金与材料史研究所

………………………………… 新 疆 文 物 考 古 研 究 所 2001 6 79

哈 密 地 区 文 物 管 理 所

论述及研究·专题·文物保护与科技考古

北京天坛声学现象的模拟试验研究 …………………… 洪 海 陈长喜 2001 6 90

吕厚均 俞慕寒

付正心 姚 安

甘肃秦安大地湾遗址出土彩陶（彩绘陶）颜料以及块状颜料分析研究［M］［T］

…………………………………………………… 马清林 胡之德 2001 8 84

李最雄 梁宝鎏

考古出土饱水木器的腐朽、收缩变形原理 …………… 胡东波 胡一红 2001 12 80

考古器物的残余物分析 ………………………………………… 吕烈丹 2002 5 83

成都金沙遗址出土金属器的实验分析与研究［M］［T］

………………………………………… 肖 璘 杨军昌 韩汝玢 2004 4 78

北京市石景山区老山汉墓出土颅骨的计算机虚拟三维人像复原［T］

………………………………………… 吉林大学边疆考古研究中心 2004 8 81

北 京 市 文 物 研 究 所

北京市石景山区老山汉墓出土人类遗骸的线粒体 DNA 分析［T］

………………………………………… 吉林大学边疆考古研究中心 2004 8 87

北 京 市 文 物 研 究 所

北京市石景山区老山汉墓出土人骨的研究报告［M］［T］

………………………………………… 吉林大学边疆考古研究中心 2004 8 91

北 京 市 文 物 研 究 所

周原遗址（王家嘴地点）尝试性浮选的结果及初步分析

……………………………………………………… 周原考古队 2004 10 89

云南晋宁石寨山出土金属器的分析和研究［M］

………………………………………… 李晓岑 韩汝玢 蒋志龙 2004 11 75

安徽滁州何郢遗址出土动物遗骸研究 ………………… 袁 靖 宫希成 2008 5 81

洛阳战国墓出土八棱柱中的中国蓝和中国紫研究

………………………………………… 马清林 张治国 高西省 2008 8 83

大理弘圣寺塔蛙声回音的发现及其机理研究

……………………………………………… 吕厚均 俞慕寒 2008 8 89

陈长喜 俞文光

云南楚雄万家坝出土铜、锡器的分析及有关问题［M］

………………………………………… 李晓岑 韩汝玢 孙淑云 2008 9 87

论述及研究·专题·文物保护与科技考古

山西绛县横北西周墓地人骨铅含量分析

…………………………………………………… 秦 颍 秦 亚 2009 7 43
谢尧亭 刘文齐

张家川马家塬墓地出土金管饰的研究

…………………………………………………… 黄 维 吴小红 2009 10 78
陈建立 王 辉

杭州老虎洞窑址出土"修内司窑"铭款荡箍的化学成分分析

…………………………………………… 崔剑锋 吴小红 唐俊杰 2009 12 87

山东青州西汉彩绘陶俑紫色颜料研究〔M〕

…………………………………………… 张治国 马清林 Heinz Berke 2010 9 87

张家川马家塬战国墓地出土金属饰件的初步分析〔M〕〔T〕

…………………………………………… 邵安定 梅建军 陈坤龙 2010 10 88
周广济 王 辉

云冈石窟测绘方法的新尝试

——三维激光扫描技术在石窟测绘中的应用…… 云冈石窟研究院 2011 1 81

四川茂县新石器遗址陶器的成分分析及来源初探

…………………………………………… 崔剑锋 吴小红 杨颖亮 2011 2 79

中美专家联合修复保护昭陵六骏之"飒露紫""拳毛騧" …… 杨文宗 2011 2 86

北大西汉竹简的科技分析〔M〕 …………… 胡东波 张 琼 王 恺 2011 6 90

元代铜牦牛腐蚀产物分析研究 …………………………………… 赵家英 2011 7 93

陕西韩城梁带村两周墓葬出土串饰的提取与保护

…………………………………………………… 赵西晨 黄晓娟 2011 8 73
张勇剑 宋俊荣

三维激光扫描技术在古建筑修缮测绘中的应用

…………………………………………………… 周 立 李 明 2011 8 84
毛晨佳 吕晓洁

西周倗国墓地出土纺织品的科学分析 ………………… 宋建忠 南普恒 2012 3 79

垣曲商城出土部分铜炼渣及铜器的铅同位素比值分析研究

…………………………………………… 崔剑锋 佟伟华 吴小红 2012 7 80

城固宝山遗址出土铜器的科学分析及其相关问题

…………………………………………… 陈坤龙 梅建军 赵丛苍 2012 7 85

论述及研究·专题·文物保护与科技考古

湖北枣阳九连墩 1 号楚墓棺椁木材研究 ………………………… 王树芝 2012 10 82

江苏昆山姜里新石器时代遗址孢粉记录与古环境初步研究

	萧家仪	祁国翔	丁金龙			
…………………………………………				2013	1	86
	肖霞云	陈 畔	吕 燕			

江苏昆山姜里新石器时代遗址植物遗存研究

………………………………………… 邱振威 蒋洪恩 丁金龙 2013 1 90

三维激光扫描技术在洛阳孟津唐墓中的应用 ………… 周 立 毛晨佳 2013 3 83

三维激光扫描技术在文物及考古测绘中的应用 ……… 白成军 王其亨 2013 3 88

甘肃天水隋唐彩绘围屏石榻的保护与修复 ……………………… 马琳燕 2013 7 83

关中地区唐代壁画墓的保护与研究

——以蒲城唐高力士墓为例 ……………………… 张基伟 贺 林 2013 7 90

新疆巴里坤东黑沟遗址出土铁器研究 ……………… 陈建立 梅 建 军 2013 10 77

王建新 亚合浦江

甘肃灵台白草坡西周早期青铜戈镀锡技术研究

…………………………………………… 马清林 大卫·斯科特 2014 4 85

试论釦器法在战国秦汉漆器制作中的应用 ……………………… 朱学文 2014 7 76

跨湖桥独木舟遗址微生物种类及区域分布状况研究

…………………………………………… 楼 卫 吴 健 李东风 2014 7 88

论碳十四测年技术测定中国古代建筑建造年代的基本方法

——以山西万荣稷王庙大殿年代研究为例 ………………… 徐怡涛 2014 9 91

二 考古及文物资料

（一）北京市

1997 年琉璃河遗址墓葬发掘简报

	北 京 市 文 物 研 究 所			
	北 京 大 学 考 古 文 博 院	2000	11	32
	中国社会科学院考古研究所			

北京市石景山区八角村魏晋墓	石景山区文物管理所	2001	4	54
北京北部山区的古长城遗址	唐晓峰 岳升阳	2007	2	15

北京市朝阳区明赵胜夫妇合葬墓发掘简报

	北京市文物研究所	2008	9	40
北京市丰台区明李文贵墓	北京市文物研究所	2008	9	47
北京平谷河北村元墓发掘简报 ［M］［T］	北京市文物研究所	2012	7	36

（二）河北省

河北正定舍利寺塔基地宫清理简报	樊瑞平 郭玲娣	1999	4	38
丰宁土城东沟道下山戎墓	丰宁满族自治县文物管理所	1999	11	23
河北省无极县东汉墓出土陶器	王巧莲 樊瑞平 刘友恒	2002	5	39

河北涿州元代壁画墓 ［M］［T］ ………………… 河北省文物研究所 保定市文物管理处 2004 3 42 涿州市文物保管所

河北涉县李家巷春秋战国墓发掘报告 ………… 邯郸市文物保护研究所 2005 6 39 涉 县 文 物 保 管 所

河北邢台西晋墓发掘简报	李 军 李恩玮	2006	1	23

河北易县北福地新石器时代遗址发掘简报［M］［T］

……………………………………………… 河北省文物考古研究所 保定市文物管理处 2006 9 4 易县文物保管所

河北邢台中兴西大街唐墓 ……………………………… 邢台市文物管理处 2008 1 32

河北临城岗西村宋墓 …………………… 邢台市文物管理处 临城县文物保管所 2008 3 52 北京大学中国考古学研究中心

河北宣化纪年唐墓发掘简报［M］［T］ … 张家口市宣化区文物保管所 2008 7 23

河北宣化元代葛法成墓发掘简报［M］［T］

……………………………………………… 张家口市宣化区文物保管所 2008 7 49

河北张家口宣化战国墓发掘简报［M］［T］

……………………………………………… 张家口市宣化区文物保管所 2010 6 21

河北邢台南小汪周代遗址发掘简报 ………………… 河北省文物研究所 邢台市文物管理处 2012 1 4

河北南宫后底阁遗址发掘简报［M］［T］ ………… 河北省文物研究所 邢台市文物管理处 2012 1 19 南宫市文物保管所

河北临城补要唐墓发掘简报［M］［T］ ……… 北京大学考古文博学院 河北省文物局 2012 1 34 邢台市文物管理处

河北正定野头墓地发掘简报 …………………… 辽宁省文物考古研究所 2012 1 42

河北宣化东升路东汉墓发掘简报 ………… 张家口市宣化区文物保管所 2014 3 23

河北宣化辽金壁画墓发掘简报［M］［T］

……………………………………………… 张家口市宣化区文物保管所 2014 3 36

（三）山西省

天马——曲村遗址J6、J7区周代居址发掘简报［M］［T］

……………………………………………… 北京大学考古学系 山西省考古研究所 1998 11 29

考古及文物资料·山西省

条目	作者/单位	年份	期	页
山西大同振华南街唐墓 …………………………………………………	白艳芳	1998	11	65
山西临汾下靳墓地发掘简报［M］［T］ ……………………	下靳考古队	1998	12	4
山西沁县发现金代砖雕墓［M］［T］ …………………	商彤流 郭海林	2000	6	60
太原隋代虞弘墓清理简报［M］［T］ ……… 山西省考古研究所 太原市考古研究所 太原市晋源区文物旅游局		2001	1	27
山西广灵北关汉墓发掘简报［M］［T］ ……………	大同市考古研究所	2001	7	4
大同市北魏宋绍祖墓发掘简报［M］［T］ …………	山西省考古研究所 大同市考古研究所	2001	7	19
大同市南关唐墓 ………………………………………………	大同市考古研究所	2001	7	52
天马——曲村遗址北赵晋侯墓地第六次发掘［M］［T］ …………………………………………………………	北京大学考古文博院 山西省考古研究所	2001	8	4
山西壶关下好牢宋墓 ………………………………………………	王进先	2002	5	42
太原市尖草坪西晋墓［M］［T］ ………………	太原市文物考古研究所	2003	3	4
太原北齐贺拔昌墓［M］［T］ …………………	太原市文物考古研究所	2003	3	11
太原北齐库狄业墓［M］ ……………………	太原市文物考古研究所	2003	3	26
太原北齐狄湛墓 ……………………………………	太原市文物考古研究所	2003	3	37
山西屯留宋村金代壁画墓［M］ ………………………	王进先 杨林中	2003	3	43
1994年山西省曲沃曲村两周墓葬发掘简报…………	山西省考古研究所	2003	5	24
山西侯马西高东周祭祀遗址［M］［T］ ………………………………………	山西省考古研究所侯马工作站	2003	8	18
山西沁源隋代韩贵和墓 ……………………………………	郎保利 杨林中	2003	8	37
山西长治唐代王惠墓［M］ …………………………………	长治市博物馆	2003	8	44
太原北齐徐显秀墓发掘简报［M］［T］ ………	山西省考古研究所 太原市文物考古研究所	2003	10	4
太原北齐张海翼墓 …………………………………………………	李爱国	2003	10	41
山西大同下深井北魏墓发掘简报 ……………………	大同市考古研究所	2004	6	29
太原西南郊北齐洞室墓 …………………………………	山西省考古研究所	2004	6	35
灵石旌介发现商周及汉代遗迹 ………………………	山西省考古研究所	2004	8	29

考古及文物资料·山西省

篇名	作者/单位	年份	期	页
山西襄垣隋代浩喆墓〔M〕 …………………………	襄垣县文物博物馆 山西省考古研究所	2004	10	4
山西襄垣唐代浩氏家族墓〔M〕〔T〕 ………………	山西大学文博学院 襄垣县文物博物馆	2004	10	18
山西襄垣唐墓（2003M1）〔M〕〔T〕 ………………	山西考古研究所 襄垣县文物博物馆	2004	10	36
山西襄垣唐代李石夫妇合葬墓 …………………………	山西大学文博学院 襄垣县文物博物馆	2004	10	49
大同湖东北魏一号墓〔M〕〔T〕 ……………	山西省大同市考古研究所	2004	12	26
山西长治故县村宋代壁画墓 …………………………………	朱晓芳 王进先	2005	4	51
山西芮城清凉寺新石器时代墓地〔M〕〔T〕 ………	山西省考古研究所 运城市文物局 芮城县文物局	2006	3	4
山西大同新发现的4座唐墓〔M〕 …………………	大同市考古研究所	2006	4	35
山西绛县横水西周墓发掘简报〔M〕〔T〕 …………	山西省考古研究所 运城市文物工作站 绛县文化局	2006	8	4
山西大同沙岭北魏壁画墓发掘简报〔M〕〔T〕 ………………………………………………………………	大同市考古研究所	2006	10	4
山西大同七里村北魏墓群发掘简报〔M〕〔T〕 ……	大同市考古研究所	2006	10	25
山西大同迎宾大道北魏墓群 …………………………	大同市考古研究所	2006	10	50
山西大同机车厂辽代壁画墓 …………………………	大同市考古研究所	2006	10	72
山西襄汾侯村金代纪年砖雕墓 ……………………………………	李 慧	2008	2	36
山西屯留宋村金代壁画墓 ………………………………	山西省考古研究所 长治市博物馆	2008	8	55
山西长子县小关村金代纪年壁画墓 ………………………	长治市博物馆	2008	10	60
山西曲沃羊舌晋侯墓地发掘简报〔M〕〔T〕 ………	山西省考古研究所 曲沃县文物局	2009	1	4
山西北赵晋侯墓地一号车马坑发掘简报〔M〕〔T〕 ………………………………………………………	山西省考古研究所 北京大学考古文博学院	2010	2	4

2008 年山西汾阳东龙观宋金墓地发掘简报 [M][T]

…………………………………………………… 山西省考古研究所 汾阳市文物旅游局 2010 2 23

山西大同南郊区田村北魏墓发掘简报 [M][T]

…………………………………………………… 大同市考古研究所 2010 5 4

山西怀仁北魏丹扬王墓及花纹砖 [M][T]

…………………………………………………… 怀仁县文物管理所 2010 5 19

山西太原晋源镇三座唐壁画墓 [M][T]

…………………………………………………… 太原市文物考古研究所 2010 7 33

山西朔州水泉梁北齐壁画墓发掘简报 [M][T]

…………………………………………………… 山西省考古研究所 山 西 博 物 院 朔 州 市 文 物 局 崇福寺文物管理所 2010 12 26

山西兴县红峪村元至大二年壁画墓 [M][T]

…………………………………………………… 山西大学科学技术哲学研究中心 山 西 省 考 古 研 究 所 山 西 博 物 院 2011 2 40

山西大同阳高北魏尉迟定州墓发掘简报 …………… 大同市考古研究所 2011 12 4

山西大同云波里路北魏壁画墓发掘简报 [M][T]

…………………………………………………… 大同市考古研究所 2011 12 13

山西大同文瀛路北魏壁画墓发掘简报 ……………… 大同市考古研究所 2011 12 26

山西大同市大同县陈庄北魏墓发掘简报 [M][T]

…………………………………………………… 山西省考古研究所 大同市考古研究所 2011 12 37

山西大同天镇沙梁坡汉墓发掘简报 ………………… 大同市考古研究所 2012 9 23

山西大同东风里辽代壁画墓发掘简报 [M][T]

…………………………………………………… 大同市考古研究所 2013 10 43

山西大同县湖东北魏墓（M11）发掘简报 ………… 山西省考古研究所 大同市考古研究所 2014 1 28

山西大同沙岭新村北魏墓地发掘简报 ……………… 大同市考古研究所 2014 4 4

（四）内蒙古自治区

内蒙古敖汉旗皮匠沟1、2号辽墓 ……… 内蒙古赤峰市敖汉旗博物馆 1998 9 46

元上都城址东南砧子山西区墓葬发掘简报［M］［T］

	内蒙古文物考古研究所			
…………………………………………	吉林大学考古学系	2001	9	37

内蒙古林西县白音长汗新石器时代遗址1991年发掘简报

	内蒙古文物考古研究所			
…………………………………………	吉林大学考古学系	2002	1	4

巴林右旗床金沟5号辽墓发掘简报 …………… 内蒙古文物考古研究所 2002 3 51

内蒙古乌审旗郭家梁大夏国田哭墓［M］［T］

	内蒙古自治区文物考古研究所			
………………………………………	鄂尔多斯博物馆	2011	3	36
	乌审旗文物管理所			

内蒙古清水河塔尔梁五代壁画墓发掘简报［M］［T］

	内蒙古师范大学科学技术史研究院			
…………………………………	内蒙古文物考古研究所	2014	4	16

内蒙古巴林左旗哈拉海场辽代壁画墓清理简报 ………… 辽上京博物馆 2014 4 39

（五）辽宁省

辽宁朝阳北朝及唐代墓葬［M］［T］ …………	辽宁省文物考古研究所	1998	3	4
	朝阳市博物馆			

辽宁本溪县上堡青铜短剑墓 ……………………………… 魏海波 梁志龙 1998 6 18

朝阳西上台辽墓［M］［T］ ……………………………………… 韩国祥 2000 7 50

辽宁北票喇嘛洞青铜时代墓葬 ………………… 辽宁省文物考古研究所 2004 5 26

阜新辽萧和墓发掘简报［M］［T］ …………… 辽宁省文物考古研究所 2005 1 33

沈阳新民辽滨塔塔宫清理简报［M］［T］ …… 沈阳市文物考古研究所 2006 4 47

牛河梁第十六地点红山文化积石家中心大墓发掘简报［M］［T］

…………………………………………………… 辽宁省文物考古研究所 2008 10 4

牛河梁红山文化第二地点一号冢石棺墓的发掘 ［M］［T］

…………………………………………… 辽宁省文物考古研究所 2008 10 15

辽宁辽阳南郊街东汉壁画墓 ［M］［T］ ……… 辽宁省文物考古研究所 2008 10 34

辽宁朝阳新华路辽代石宫发掘简报 ［M］［T］

…………………………………………… 辽宁省文物考古研究所 2010 11 42

辽宁普兰店姜屯汉墓（M45）发掘简报 ……… 辽宁省文物考古研究所 普兰店市博物馆 2012 7 22

（六）吉林省

辽源龙山区发现一批古代器物 ……………………… 辽源市文物管理所 2005 2 28

（七）黑龙江省

绥滨县东胜村明代兀的哈人墓葬 …………… 黑龙江省文物考古研究所 鹤岗市文物管理站 2000 12 43

黑龙江讷河大古堆墓地发掘简报 ［M］［T］

…………………………………………… 黑龙江省文物考古研究所 2009 6 4

黑龙江方正于家屯汉代遗址发掘简报 ……… 黑龙江省文物考古研究所 2009 6 26

（八）上海市

上海嘉定法华塔元明地宫清理简报 ［M］［T］

…………………………………………… 上海市文物管理委员会 1999 2 4

上海松江李塔明代地宫清理简报 ［M］［T］ … 上海市文物管理委员会 1999 2 16

上海市松江区明墓发掘简报 …………………… 上海博物馆考古研究部 2003 2 35

上海浦江花苑遗址清理简报 …………………… 上海博物馆考古研究部 2003 2 49

（九）江苏省

南京南郊六朝谢珫墓 ［M］［T］ …………………………… 南京市博物馆 雨花区文化局 1998 5 4

考古及文物资料·江苏省

条目	作者/单位	年份	期	页
南京南郊六朝谢温墓〔M〕〔T〕	南京市博物馆 雨花区文化局	1998	5	15
徐州狮子山西汉楚王陵发掘简报〔M〕〔T〕	狮子山楚王陵考古发掘队	1998	8	4
南京市东善桥"凤凰三年"东吴墓	南京市博物馆 江宁县博物馆	1999	4	32
江苏常熟罗墩遗址发掘简报〔M〕〔T〕	苏州博物馆 常熟博物馆	1999	7	16
徐州东甸子西汉墓	徐州博物馆	1999	12	4
南京象山8号、9号、10号墓发掘简报〔M〕〔T〕	南京市博物馆	2000	7	4
南京吕家山东晋李氏家族墓〔M〕〔T〕	南京市博物馆	2000	7	21
南京司家山东晋、南朝谢氏家族墓〔M〕〔T〕	南京市博物馆 雨花区文化局	2000	7	36
江苏丹徒横山、华山土墩墓发掘报告	南京博物院 镇江博物馆 丹徒县文教局	2000	9	42
张家港市东山村遗址发掘简报	苏州博物馆 张家港市文物管理委员会	2000	10	45
江苏常州北环新村宋木椁墓	常州市博物馆	2001	2	65
江苏南京仙鹤观东晋墓〔M〕〔T〕	南京市博物馆	2001	3	4
江苏吴江广福村遗址发掘简报	苏州博物馆 吴江市文物陈列室	2001	3	41
江阴高城墩遗址发掘简报〔M〕〔T〕	江苏省高城墩联合考古队	2001	5	4
江苏句容丁沙地遗址第二次发掘简报〔M〕〔T〕	南京博物院考古研究所	2001	5	22
江苏江阴夏港宋墓清理简报	高振卫 邹红梅	2001	6	61
南京南郊宋墓	南京市博物馆 南京市雨花区文管会	2001	8	31
南京长岗村五号墓发掘简报	南京市博物馆	2002	7	4
南京殷巷西晋纪年墓	南京市博物馆	2002	7	11
南京北郊东晋温峤墓〔M〕〔T〕	南京市博物馆	2002	7	19

考古及文物资料·江苏省

南京象山 11 号墓清理简报 [M][T] …………………… 南京市博物馆 2002 7 34

南京隐龙山南朝墓 ………………………………………… 南京市博物馆 江宁区博物馆 2002 7 41

南京梁南平王萧伟墓阙发掘简报 ………………………… 南京市文物研究所 南京栖霞区文化局 2002 7 59

江苏徐州大庙晋汉画像石墓 …………………………………… 徐州博物馆 2003 4 61

江苏金坛三星村新石器时代遗址 [M][T]

…………………………………………… 江苏省三星村联合考古队 2004 2 4

江苏东阳小云山一号汉墓 …………………………………… 盱眙县博物馆 2004 5 38

江苏江阴长泾镇宋墓 …………………………………… 刁文伟 翁雪花 2004 8 38

徐州碧螺山五号西汉墓 …………………………………… 徐州博物馆 2005 2 33

无锡鸿山越国贵族墓发掘简报 [M][T]

…………………………………… 南京博物院考古研究所 无锡市锡山区文物管理委员会 2006 1 4

江苏江阴祁头山遗址 2000 年度发掘简报 [M][T]

……………………………………………… 祁头山联合考古队 2006 12 4

南京仙鹤山孙吴、西晋墓 [M] …… 南京市博物馆 南京师范大学文物与博物馆学系 2007 1 22

南京江宁上湖孙吴、西晋墓 ………………………… 南京市博物馆 南京市江宁区博物馆 2007 1 35

江苏江阴南楼新石器时代遗址发掘简报 [M][T]

……………………………………… 江苏江阴南楼遗址联合考古队 2007 7 4

江苏句容寨花头土墩墓 D2、D6 发掘简报 [M][T] …… 南京博物院 2007 7 20

江苏泗阳陈墩汉墓 [M][T] ……………… 江苏泗阳三庄联合考古队 2007 7 39

江苏江阴明代薛氏家族墓 …………………………………… 江阴市博物馆 2008 1 35

南京大光路孙吴薛秋墓发掘简报 [M][T] …………… 南京市博物馆 2008 3 4

南京将军山西晋墓发掘简报 ………………………… 南京市博物馆 南京市江宁区博物馆 2008 3 16

南京江宁谷里晋墓发掘简报 ………………………… 南京市博物馆 南京市江宁区博物馆 2008 3 24

考古及文物资料·江苏省

篇名	作者	年份	期	页
江苏涟水妙通塔宋代地宫 [M][T]	淮安市博物馆 涟水县图书馆	2008	8	20
南京江宁上坊孙吴墓发掘简报 [M][T]	南京市博物馆 南京市江宁区博物馆	2008	12	4
南京雨花台东晋纪年墓发掘简报 [M][T]	南京市博物馆 南京市雨花台区文化局	2008	12	35
江苏江阴叶家宕明墓发掘简报 [M][T]	江阴博物馆	2009	8	30
江苏无锡鸿山邱承墩新石器时代遗址发掘简报 [M][T]	江苏省考古研究所 无锡市锡山区文物管理委员会	2009	11	4
江苏扬州西汉刘毋智墓发掘简报 [M][T]	扬州市文物考古研究所	2010	3	19
江苏江阴周庄JZD3东周土墩墓	周庄土墩墓联合考古队	2010	11	4
江苏徐州黑头山西汉刘慎墓发掘简报 [M][T]	徐州博物馆	2010	11	17
江苏连云港海州西汉墓发掘简报 [M][T]	连云港市博物馆	2012	3	4
南京江宁胜太路南朝墓	南京市博物馆 南京市江宁区博物馆	2012	3	18
南京西善桥明代长春真人刘渊然墓 [M][T]	南京市博物馆	2012	3	22
江苏昆山姜里新石器时代遗址2011年发掘简报	苏州市考古研究所 昆山市文物管理所 昆山市张浦镇文体站	2013	1	4
江苏盱眙大云山江都王陵二号墓发掘简报 [M][T]	南京博物院 盱眙县文广新局	2013	1	25
江苏常州怀德南路明墓发掘简报 [M][T]	常州博物馆	2013	1	67
江苏徐州苏山头汉墓发掘简报 [M][T]	徐州博物馆	2013	5	29
南京六合李岗汉墓（M1）发掘简报	南京市博物馆 南京市六合区文化局	2013	11	16
南京江宁鳄儿岗晋墓发掘简报	南京市博物馆 南京市江宁区博物馆	2013	11	28

江苏泰州森森庄明墓发掘简报 [M][T] ……………… 泰州市博物馆 2013 11 36

南京雨花台石子岗南朝砖印壁画墓（M5）发掘简报

………………………………………………… 南 京 市 博 物 馆 2014 5 20
南京市雨花台区文化局

南京江宁将军山明代沐斌夫人梅氏墓发掘简报 [M][T]

………………………………………………… 南 京 市 博 物 馆 2014 5 39
南京市江宁区博物馆

江苏徐州后山西汉墓发掘简报 ……………………………… 徐州博物馆 2014 9 33

江苏南京白马村明代仇成墓发掘简报 [M][T] ……… 南京市博物馆 2014 9 46

（一〇）浙江省

浙江绍兴印山大墓发掘简报 [M][T] ……… 浙江省文物考古研究所 1999 11 4
绍兴县文物保护管理所

浙江临安五代吴越国康陵发掘简报 [M][T] …… 杭州市文物考古所 2000 2 4
临 安 市 文 物 馆

余杭莫角山遗址 1992～1993 年的发掘 [M][T]

…………………………………………… 浙江省文物考古研究所 2001 12 4

浙江良渚庙前遗址第五、六次发掘简报 [M][T]

…………………………………………… 浙江省文物考古研究所 2001 12 20

余杭瑶山遗址 1996～1998 年发掘的主要收获

…………………………………………… 浙江省文物考古研究所 2001 12 30

良渚文化汇观山遗址第二次发掘简报 ………… 浙江省文物考古研究所 2001 12 36

浙江绍兴凤凰山战国木椁墓 …………………… 绍兴县文物保护管理所 2002 2 31

杭州雷峰塔五代地宫发掘简报 [M][T]

…………………………………………… 浙江省文物考古研究所 2002 5 4

余杭良渚遗址群调查简报 [M][T] ………… 浙江省文物考古研究所 2002 10 47

浙江余杭上口山遗址发掘简报 ………………… 浙江省文物考古研究所 2002 10 57

浙江余杭钵衣山遗址发掘简报 ………………… 浙江省文物考古研究所 2002 10 67

浙江嘉兴吴家浜遗址发掘简报 ………………… 浙江省文物考古研究所 2005 3 34
嘉 兴 市 博 物 馆

考古及文物资料·浙江省

篇名	作者/单位	年份	期	页
浙江嘉兴南河浜遗址发掘简报［M］［T］	浙江省文物考古研究所	2005	6	4
浙江桐乡新地里遗址发掘简报［M］［T］	浙江省文物考古研究所 桐乡市文物管理委员会	2005	11	4
浙江东阳发现南朝陈代石井栏	钟 翀 赵一新	2006	3	62
浙江长兴鼻子山越国贵族墓［M］［T］	浙江省文物考古研究所 长兴县博物馆	2007	1	4
浙江安吉五福楚墓	浙江省文物考古研究所 安吉县博物馆	2007	7	61
浙江余姚田螺山新石器时代遗址2004年发掘简报［M］［T］	浙江省文物考古研究所 余姚市文物保护管理所 河姆渡遗址博物馆	2007	11	4
浙江瓯海杨府山西周土墩墓发掘简报［M］［T］	浙江省文物考古研究所 温州市文物保护考古所 瓯海区文博馆	2007	11	25
浙江东阳前山越国贵族墓［M］［T］	浙江省文物考古研究所 东阳市博物馆	2008	7	4
浙江湖州钱山漾遗址第三次发掘简报［M］［T］	浙江省文物考古研究所 湖州市博物馆	2010	7	4
浙江平湖戴墓墩良渚文化遗址发掘简报［M］［T］	平湖市博物馆	2012	6	4
杭州萧山柴岭山土墩墓（D30）发掘简报［M］［T］	杭州市文物考古研究所 萧山博物馆	2013	5	4
杭州萧山蜈蚣山土墩墓（D4）发掘简报	杭州市文物考古研究所 萧山博物馆	2013	5	16
浙江桐庐小青龙新石器时代遗址发掘简报［M］［T］	浙江省文物考古研究所 桐庐博物馆	2013	11	4

（一一）安徽省

题目	作者/单位	年份	期	页
安徽六安市城西窑厂5号墓清理简报	六安市文物管理所	1999	7	31
安徽涡阳稽山汉代崖墓	刘海超 杨玉彬	2003	9	25
安徽天长西汉墓发掘简报［M］［T］	天长市文物管理所 天长市博物馆	2006	11	4
安徽六安战国晚期墓发掘简报	安徽省文物考古研究所 六安市文物局	2007	11	37
安徽芜湖月堰遗址新石器时代墓葬发掘简报	安徽省文物考古研究所	2009	8	4
安徽凤阳卞庄一号春秋墓发掘简报［M］［T］	安徽省文物考古研究所 凤阳县文物管理所	2009	8	21
安徽蚌埠双墩一号春秋墓发掘简报［M］［T］	安徽省文物考古研究所 蚌埠市博物馆	2010	3	4
安徽天长三角圩27号西汉墓发掘简报［M］［T］	天长市文物管理所 天长市博物馆	2010	12	17
安徽当涂青山六朝墓发掘简报［M］［T］	安徽省文物考古研究所	2011	4	20
安徽南陵龙头山西周土墩墓群发掘简报	安徽省文物考古研究所 南陵县文物管理所	2013	10	4
安徽繁昌板子矶周代遗址发掘简报	安徽省文物考古研究所 繁昌县文物管理局	2013	10	11
安徽当涂陶庄战国土墩墓发掘简报［M］［T］	安徽省文物考古研究所 马鞍山市文物局 当涂县文物管理所	2013	10	23
安徽繁昌顺风山林场南朝墓发掘简报	繁昌县文物管理局	2013	10	36

安徽怀宁孙家城新石器时代遗址发掘简报［M］［T］

……………………………………………… 安徽省文物考古研究所 2014 5 4
怀 宁 县 文 物 管 理 所

（一二） 福建省

福建南平宋代壁画墓 …………………………………………… 张文盎 1998 12 33

福建武夷山市发现唐墓 …………………………………………… 赵爱玉 2008 6 69

福建晋江庵山青铜时代沙丘遗址2009年发掘简报 …… 福建博物院 2014 2 4
晋江市博物馆

福建政和石屯六朝墓发掘简报 ………………………………… 福建博物院 2014 2 17

福建沿海水下考古调查［M］［T］ ………… 福建沿海水下考古调查队 2014 2 29

（一三） 江西省

江西吉水城郊2号西晋墓［M］［T］ ………… 江西省文物考古研究所 2001 2 4
吉 水 县 博 物 馆

南昌火车站东晋墓葬群发掘简报［M］［T］

…………………………………………… 江西省文物考古研究所 2001 2 12
南 昌 市 博 物 馆

南昌明代宁靖王夫人吴氏墓发掘简报［M］［T］

…………………………………………… 江西省文物考古研究所 2003 2 19

故 宫 博 物 院

江西景德镇丽阳碓臼山明代纪年墓 ………… 江西省文物考古研究所 2007 3 44
景德镇市陶瓷考古研究所

南昌青云谱梅湖东晋纪年墓发掘简报［M］［T］

…………………………………………… 江西省文物考古研究所 2008 12 40
南 昌 市 博 物 馆

江西靖安李洲坳东周墓发掘简报［M］［T］

…………………………………………… 江西省文物考古研究所 2009 2 4
靖 安 县 博 物 馆

江西南昌蛟桥东汉墓发掘简报 ［M］［T］ …… 江西省文物考古研究所 2011 4 4

江西靖安老虎墩史前遗址发掘简报 ［M］［T］

…………………………………………… 江西省文物考古研究所 厦门大学历史系考古专业 2011 10 4 靖 安 县 博 物 馆

江西靖安老虎墩东汉墓发掘简报 …………… 江西省文物考古研究所 厦门大学历史系考古专业 2011 10 22 靖 安 县 博 物 馆

江西铜鼓平顶埂遗址发掘简报 ………………… 江西省文物考古研究所 2012 6 17 铜鼓县秋收起义纪念馆

江西吉水房后山隋代墓葬发掘简报 ［M］［T］

…………………………………………… 江西省文物考古研究所 2014 2 41 吉 水 县 博 物 馆

（一四）山东省

长清仙人台五号墓发掘简报 ［M］［T］

……………………………………… 山东大学历史文化学院考古系 1998 9 18

临沂金雀山1997年发现的四座西汉墓 …………… 金雀山考古发掘队 1998 12 17

山东莒县双合村汉墓 ……………………………………………… 刘云涛 1999 12 25

临沂银雀山西汉墓发掘简报 …………………………… 银雀山汉墓发掘队 2000 11 50

山东沂水县近年发现的几座战国墓 ………………… 山东沂水县博物馆 2001 10 45

山东临朐北齐崔芬壁画墓 ［M］［T］ ………… 山东省文物考古研究所 2002 4 4 临 朐 县 博 物 馆

山东滕州庄里西战国墓 …………………………………… 滕州市博物馆 2002 6 57

山东临朐西晋、刘宋纪年墓 ……………………… 宫德杰 李福昌 2002 9 30

济南市司里街元代砖雕壁画墓 ……………………… 济南市考古研究所 2004 3 61

山东泰安市龙门口遗址调查 ………………………………… 泰安市博物馆 2004 12 4

山东邹城西晋刘宝墓 ［M］［T］ ………………… 山东邹城市文物局 2005 1 4

济南隋代吕道贵兄弟墓 ………………………………… 济南市考古研究所 2005 1 29

考古及文物资料·山东省

山东临沂洗砚池晋墓［M］［T］ ……………… 山东省文物考古研究所 临沂市文化局 2005 7 4

山东临淄大武村元墓发掘简报［M］［T］

…………………………………………… 山东省文物考古研究所 北京大学中国考古学研究中心 2005 11 39

济南市历城区宋元壁画墓 …………………………………… 刘善沂 王惠明 2005 11 49

山东长清、平阴元代石刻壁画墓［M］［T］ …………………… 刘善沂 2008 2 41

济南市宋金砖雕壁画墓 …………………………………… 济南市博物馆 济南市考古所 2008 8 33

兖州兴隆塔北宋地宫发掘简报［M］［T］ …… 山东省博物馆 山东省文物考古研究所 兖州市博物馆 2009 11 42

山东日照海曲西汉墓（M106）发掘简报［M］［T］

…………………………………………………… 山东省文物考古研究所 2010 1 4

济南郎茂山路元代家族墓发掘简报［M］［T］ …… 济南市考古研究所 2010 4 36

山东青州西辛战国陪葬墓发掘简报 …………………………… 青州市博物馆 2010 7 27

山东济南华信路新莽时期墓葬发掘简报 …………… 济南市考古研究所 2011 3 32

山东安丘柘山镇东古庙村春秋墓 …………………………… 安丘市博物馆 2012 7 16

山东新泰周家庄东周墓发掘简报［M］［T］

…………………………………………… 山东省文物考古研究所 新泰市博物馆 2013 4 4

山东滕州东康留周代墓地发掘简报 …………… 山东省文物考古研究所 滕州市博物馆 2013 4 24

山东淄博临淄区元代墓葬发掘简报 ……………… 淄博市临淄区文物局 2013 4 39

山东枣庄徐楼东周墓发掘简报［M］［T］

…………………………………………… 枣庄市博物馆 枣庄市文物管理委员会办公室 枣庄市峄城区文广新局 2014 1 4

山东青州西辛战国墓发掘简报［M］［T］

…………………………………………………… 山东省文物考古研究所 青州市博物馆 2014 9 4

（一五）河南省

平顶山应国墓地八十四号墓发掘简报［M］［T］

	河南省文物考古研究所	1998	9	4
…………………………………………	平顶山市文物管理委员会			
河南邓州八里岗遗址发掘简报 ………………	北京大学考古实习队	1998	9	31
	河南省南阳市文物研究所			
洛阳白马寺三座西周晚期墓 ………………………………	张　剑　蔡运章	1998	10	33
洛阳东郊13号西周墓的发掘 ………………………………	张　剑　蔡运章	1998	10	38
河南省巩义市孝西村唐墓发掘简报 ……………	郑州市文物考古研究所	1998	11	37
	巩义市文物保护管理所			
河南省巩义市芝田两座唐墓发掘简报 …………	郑州市文物考古研究所	1998	11	51
	巩义市文物保护管理所			
洛阳于家营秦墓发掘简报 …………………………	洛阳市第二文物工作队	1998	12	14
河南新密市平陌宋代壁画墓 ……………………	郑州市文物考古研究所	1998	12	26
	新　密　市　博　物　馆			
洛阳北郊唐颍川陈氏墓发掘简报 ……………………	洛阳市文物工作队	1999	2	41
洛阳道北元墓发掘简报 ………………………………	洛阳市第二文物工作队	1999	2	52
洛阳林校西周车马坑［M］［T］ ……………………	洛阳市文物工作队	1999	3	4
洛阳市西工区C1M3943战国墓［M］［T］ …………	洛阳市文物工作队	1999	8	4
洛阳市613所东周墓 ……………………………………	洛阳市文物工作队	1999	8	14
洛阳涧滨AM21西周墓 ……………………………………	梁晓景　马三鸿	1999	9	16
洛阳东郊西周墓 …………………………………………	洛阳市文物工作队	1999	9	19
洛阳金谷园小学IM1254西汉墓发掘简报 ……	洛阳市第二文物工作队	1999	9	29
三门峡市花园北街发现一座西周墓葬 ……………	三门峡市文物工作队	1999	11	17
河南省济源市桐花沟汉墓发掘简报 ……………	河南省文物考古研究所	1999	12	19
郑州西郊唐墓发掘简报 ………………………………	郑州市文物考古研究所	1999	12	28
洛阳东北郊东汉墓发掘简报 ……………………………	洛阳市文物工作队	2000	8	33
洛阳五女冢西周早期墓葬发掘简报 ……………	洛阳市第二文物工作队	2000	10	4
洛阳春都路西晋墓发掘简报［M］［T］ ………	洛阳市第二文物工作队	2000	10	26

考古及文物资料·河南省

条目	作者/单位	年份	期	页
河南邓州八里岗遗址 1998 年度发掘简报 …………	北京大学考古文博院 南阳地区文物研究所	2000	11	23
三门峡虢国墓地 M2010 的清理 [M][T]				
…………………………………………………	河南省文物考古研究所 三门峡市文物工作队	2000	12	4
三门峡虢国墓地 M2013 的发掘清理 [M][T]				
…………………………………………………	河南省文物考古研究所 三门峡市文物工作队	2000	12	23
郑州市洼刘村西周早期墓葬（ZGW99M1）发掘简报 [M][T]				
…………………………………………………	郑州市文物考古研究所	2001	6	28
洛阳（洛界）高速公路伊川段 LJYM74 发掘简报				
…………………………………………………	洛阳市第二文物工作队	2001	6	45
洛阳吉利区东汉墓发掘简报 …………………………	洛阳市文物工作队	2001	10	52
河南登封黑山沟宋代壁画墓 …………………………	郑州市文物考古研究所 登封市文物局	2001	10	60
洛阳市针织厂东周墓（C1M5269）的清理 [T]				
……………………………………………………	洛阳市文物工作队	2001	12	41
洛阳新安县铁塔山汉墓发掘报告 …………………	洛阳市文物工作队	2002	5	33
河南新蔡平夜君成墓的发掘 [M][T] ………	河南省文物考古研究所 河南省驻马店市文化局 新蔡县文物保护管理所	2002	8	4
河南新蔡葛陵二号楚墓发掘报告 [M][T]				
…………………………………………………	驻马店市文物工作队 新蔡县文物保护管理所	2002	8	20
洛阳谷水晋墓（FM38）发掘简报 ……………	洛阳市第二文物工作队	2002	9	4
洛阳纱厂西路北魏 HM555 发掘简报 [M][T]				
……………………………………………………	洛阳市第二文物工作队	2002	9	9
洛阳道北金代砖雕墓 ………………………………	洛阳市第二文物工作队	2002	9	21
洛阳市纱厂路东周墓（JM32）发掘简报………	洛阳市第二文物工作队	2002	11	31
洛阳韩城战国墓发掘简报 …………………………	洛阳市第二文物工作队	2002	11	38
郑州商城新发现的几座商墓 [M][T] ………	河南省文物考古研究所	2003	4	4

考古及文物资料·河南省

河南灵宝西坡遗址 105 号仰韶文化房址 ［M］［T］

……………………………… 河南省文物考古研究所 中国社会科学院考古研究所河南一队 三门峡市文物考古研究所 2003 8 4 灵宝市文物保护管理所 荆山黄帝陵管理所

洛阳市宜阳县元村战国墓发掘简报 ［M］［T］

……………………………………………… 洛阳市第二文物工作队 2003 9 15 宜阳县文物保护管理所

洛阳东车站两周墓发掘简报 ［M］［T］ ……………… 洛阳市文物工作队 2003 12 4

洛阳市唐宫西路东周墓发掘报告 ［M］［T］ ……… 洛阳市文物工作队 2003 12 12

洛阳吉利区汉墓（C9M2365）发掘简报 ……………… 洛阳市文物工作队 2003 12 39

洛阳吉利区汉墓（C9M2367）发掘简报 ……………… 洛阳市文物工作队 2003 12 43

洛阳王城花园出土宋代器物 ………………………………………… 霍宏伟 2003 12 47

河南省新密市新砦遗址 2000 年发掘简报 ［M］［T］

……………………………………………… 北京大学古代文明研究中心 2004 3 4 郑州市文物考古研究所

河南淅川徐家岭一号楚墓发掘简报 ［M］

……………………………………………… 河南省文物考古研究所 南阳市文物考古研究所 2004 3 21 淅川县博物馆

河南信阳长台关七号楚墓发掘简报 ……………… 河南省文物考古研究所 2004 3 31 信阳市文物工作队

洛阳市唐城花园 C3M417 西周墓发掘简报 ［M］［T］

…………………………………………………… 洛阳市文物工作队 2004 7 4

洛阳西工区 M7602 的清理 ………………………………… 洛阳市文物工作队 2004 7 12

洛阳唐宫路小学 C1M5560 战国墓发掘简报 …………洛阳市文物工作队 2004 7 17

洛阳王城花园战国墓 …………………………………… 洛阳市文物工作队 2004 7 36

洛阳市东明小区 C5M1542 唐墓 ［M］［T］ ………… 洛阳市文物工作队 2004 7 55

洛阳火车站西汉墓（1M1779）发掘简报

…………………………………………………… 洛阳市第二文物工作队 2004 9 48

考古及文物资料·河南省

河南荥阳大师姑遗址 2002 年度发掘简报 [M][T]

…………………………………………………… 郑州市文物考古研究所 荥阳市文物保护管理所 2004 11 4

河南巩义西汉墓 ………………………………………… 郑州市文物考古研究所 巩义市文物保护管理所 2004 11 33

河南巩义站街晋墓 [M][T] ………………… 郑州市文物考古研究所 巩义市文物保护管理所 2004 11 39

河南新安西晋墓（C12M262）发掘简报 ……………… 洛阳市文物工作队 2004 12 13

西晋苏华芝墓 ……………………………………………… 洛阳市文物工作队 2005 1 27

唐崔元略夫妇合葬墓 ………………………………… 洛阳市第二文物工作队 2005 2 52

洛阳伊川雕砖墓发掘简报 ……………………… 洛阳市第二文物工作队 2005 4 62

洛阳衡山路西晋墓发掘简报 [M] …………… 洛阳市第二文物工作队 2005 7 38

北魏孝文帝长陵的调查和钻探

——"洛阳邙山陵墓群考古调查与勘测"项目工作报告 [M][T]

……………………………………………… 洛阳市第二文物工作队 2005 7 50

河南桐柏月河墓地第二次发掘 [M][T]

…………………………………………… 河南省文物考古研究所 桐柏县文物管理委员会 2005 8 21

新郑市郑韩路 6 号春秋墓 ………… 河南省文物考古研究所新郑工作站 2005 8 39

洛阳伊川大庄唐墓（M3）发掘简报 ………… 洛阳市第二文物工作队 2005 8 47

洛阳王城大道唐墓（1M2084）发掘简报……… 洛阳市第二文物工作队 2005 8 52

河南登封城南庄宋代壁画墓 ………………………… 郑州市文物考古研究所 登封市文物局 2005 8 62

洛阳高新技术开发区西汉墓（GM646） ……… 洛阳市第二文物工作队 2005 9 36

河南新郑郑韩故城东周祭祀遗址 [M][T] … 河南省文物考古研究所 2005 10 4

洛阳西汉张就墓发掘简报 …………………………… 洛阳市第二文物工作队 2005 12 31

河南南阳牛王庙村 1 号汉墓 …………………… 南阳市文物考古研究所 2005 12 41

洛阳瀍河东岸西周墓的发掘 …………………………… 洛阳市文物工作队 2006 3 17

洛阳中州中路东周墓发掘简报 [M][T] ………… 洛阳市文物工作队 2006 3 20

洛阳西工区 C1M8503 战国墓 …………………………… 洛阳市文物工作队 2006 3 45

洛阳王城公园东汉墓 ………………………………………… 洛阳市文物工作队 2006 3 49

考古及文物资料·河南省

条目	作者/单位	年份	期	页
洛阳北郊唐墓 …………………………	四川大学历史文化学院考古学系 洛阳市文物工作队	2006	3	58
河南登封告成东周墓地三号墓［M］［T］ ……	郑州市文物考古研究所 登封市文物局	2006	4	4
河南巩义站街秦墓发掘简报 …………………	郑州市文物考古研究所	2006	4	17
洛阳春都花园小区西汉墓（IM2354）发掘简报［M］ ………………………………………………	洛阳市第二文物工作队	2006	11	22
洛阳关林大道徐屯东段唐墓发掘简报 …………	洛阳市第二文物工作队	2006	11	33
洛阳华山路西晋墓发掘简报［M］ ……………	洛阳市第二文物工作队	2006	12	18
洛阳太原路西晋墓发掘简报 …………………	洛阳市第二文物工作队	2006	12	32
偃师前杜楼北魏石棺墓发掘简报 ………………	洛阳市第二文物工作队	2006	12	37
河南新郑兴弘花园发现的两座春秋墓 ……………………………………	河南省文物考古研究所新郑工作站	2007	2	4
洛阳关林大道唐墓（C7M1724）发掘简报 …………	洛阳市文物工作队	2007	4	27
洛阳龙康小区唐墓（C7M2151）发掘简报 …………	洛阳市文物工作队	2007	4	32
洛阳唐卢照己墓发掘简报 …………………………	洛阳市第二文物工作队	2007	6	4
洛阳伊川后晋孙璠墓发掘简报 …………	四川大学历史文化学院考古系 洛阳市第二文物工作队	2007	6	9
河南叶县旧县四号春秋墓发掘简报［M］［T］ ………………………………………………	平顶山市文物管理局 叶县文化局	2007	9	4
洛阳涧河东岸西周晚期墓 ………………………………	洛阳市文物工作队	2007	9	38
洛阳关林皂角树西晋墓 …………………………………	洛阳市文物工作队	2007	9	54
洛阳涧河东岸发现的一座西晋墓 …………………	洛阳市文物工作队	2007	9	63
洛阳邙山陵墓群的文物普查［M］［T］ ………	洛阳市第二文物工作队	2007	10	43
偃师白草坡东汉帝陵陵园遗址［M］［T］ ………………………………………………	洛阳市第二文物工作队 偃师市文物管理委员会	2007	10	60
偃师阎楼东汉陪葬墓园 …………………………	洛阳市第二文物工作队 偃师市文物管理委员会	2007	10	74
洛阳北魏杨机墓出土文物 ……………………………………	洛阳博物馆	2007	11	56

考古及文物资料·河南省

三门峡市西苑小区战国墓（M1）发掘简报

…………………………………………… 三门峡市文物考古研究所 2008 2 19

三门峡市西苑小区战国车马坑的发掘 ……… 三门峡市文物考古研究所 2008 2 30

洛阳吉利区汉墓（C9M2441）发掘简报〔M〕 …… 郑州大学历史学院 洛阳市文物工作队 2008 4 33

洛阳龙门张沟唐墓发掘简报 …………………………… 洛阳市文物工作队 2008 4 42

河南平顶山蒲城店遗址发掘简报〔M〕〔T〕

…………………………………………… 河南省文物考古研究所 平顶山市文物局 2008 5 32

洛阳新安高平寨遗址试掘简报 ………………………… 郑州大学历史学院 洛阳市文物工作队 2008 8 4

河南卫辉大司马墓地晋墓（M18）发掘简报

…………………………… 河南省文物局南水北调文物保护办公室 四川大学考古学系 2009 1 15

郑州上街峡窝唐墓发掘简报 …………… 郑州市文物考古研究院 郑州市上街区文化新闻出版局 2009 1 22

河南三门峡虢国墓地 M2008 发掘简报〔M〕〔T〕

…………………………………………… 河南省文物考古研究所 三门峡市文物考古研究所 2009 2 18

河南三门峡南交口汉墓（M17）发掘简报〔M〕〔T〕

……………………………………………… 河南省文物考古研究所 2009 3 4

洛阳新发现的两座西晋墓发掘简报〔M〕〔T〕

……………………………………………… 洛阳市第二文物工作队 2009 3 19

河南偃师西晋支伯姬墓发掘简报 ……………… 洛阳市第二文物工作队 偃师商城博物馆 2009 3 36

洛阳衡山路北魏墓发掘简报 …………………… 洛阳市第二文物工作队 2009 3 41

河南荥阳娘娘寨城址西周墓葬发掘简报〔M〕〔T〕

……………………………………………… 郑州市文物考古研究院 2009 9 4

河南登封告成春秋墓发掘简报〔M〕〔T〕 …… 郑州市文物考古研究院 登封市文物管理局 2009 9 21

河南荥阳晋墓、唐墓发掘简报 ………………… 郑州市文物考古研究院 2009 9 43

考古及文物资料·河南省

洛阳王城广场战国墓（西区 M37）发掘简报［M］［T］

…………………………………………………… 洛阳市文物工作队　2009　11　22

洛阳厚载门街西晋墓发掘简报 …………………………… 洛阳市文物工作队　2009　11　30

洛阳老城北大街西周墓 ………………………………… 洛阳市文物工作队　2010　8　4

洛阳西工区春秋墓发掘简报［M］［T］ ……………… 洛阳市文物工作队　2010　8　8

洛阳吉利区西晋墓发掘简报［M］［T］ ……………… 洛阳市文物工作队　2010　8　29

河南民权牛牧岗遗址战国西汉墓葬发掘简报

郑州大学历史学院考古系

…………………………………………… 商　丘　市　文　物　局　2010　12　4

民　权　县　文　化　局

河南荥阳唐代邛州刺史赵德明墓 ……………… 郑州市文物考古研究院　2010　12　43

洛阳红山工业园区唐墓发掘简报 ……………… 洛阳市第二文物工作队　2011　1　29

洛阳新区厚载门唐墓发掘简报 ……………… 洛阳市第二文物工作队　2011　1　38

河南永城僖山二号汉墓清理简报 ……………………… 永城市博物馆　2011　2　20

河南南阳春秋楚彭射墓发掘简报［M］［T］

…………………………………………… 南阳市文物考古研究所　2011　3　4

洛阳体育场路东周墓发掘简报［M］［T］ ………… 洛阳市文物工作队　2011　5　4

洛阳体育场路春秋车坑、马坑发掘简报 …………… 洛阳市文物工作队　2011　5　12

洛阳涧西区唐代墓葬发掘简报 ……………… 洛阳市第二文物工作队　2011　6　12

洛阳道北二路明墓发掘简报［M］［T］ ……… 洛阳市第二文物工作队　2011　6　21

洛阳北窑西周车马坑发掘简报 ………………………… 洛阳市文物工作队　2011　8　4

洛阳体育场路东周墓（M8830）发掘简报［M］［T］

…………………………………………………… 洛阳市文物工作队　2011　8　13

洛阳瀍河区利民南街西晋墓发掘简报 ……………… 洛阳市文物工作队　2011　8　22

洛阳洛龙区关林庙宋代砖雕墓发掘简报［M］［T］

…………………………………………………… 洛阳市文物工作队　2011　8　31

洛阳孟津朱仓东汉帝陵陵园遗址［M］［T］

…………………………………………… 洛阳市第二文物工作队　2011　9　4

洛阳孟津大汉冢曹魏贵族墓［M］［T］ ……… 洛阳市第二文物工作队　2011　9　32

洛阳孟津大汉冢西晋围沟墓发掘简报 ………… 洛阳市第二文物工作队　2011　9　48

河南焦作山阳北路西晋墓发掘简报 ……………… 焦作市文物工作队　2011　9　58

考古及文物资料·河南省

河南平顶山春秋晚期 M301 发掘简报〔M〕〔T〕

……………………………………………… 河南省文物考古研究所 平顶山市文物管理局 2012 4 4 河南大学历史文化学院

河南南阳李八庙春秋楚墓清理简报〔M〕〔T〕

……………………………………………… 南阳市文物考古研究所 2012 4 29

河南宝丰史营遗址战国至汉代墓葬

……………………………………… 郑州大学历史学院考古系 河南省文物局南水北调文物保护办公室 2012 4 34

河南禹州新峰墓地东汉墓（M127）发掘简报

河南省文物管理局南水北调文物保护工作领导小组

……………… 河南省文物考古研究所 许昌市文物工作队 2012 9 16 许昌春秋楼文物管理处

河南登封唐庄宋代壁画墓发掘简报〔M〕〔T〕

……………………………………………… 郑州市文物考古研究院 登封市文物局 2012 9 35

洛阳孟津朱仓东汉墓园遗址 ………………… 洛阳市文物考古研究院 2012 12 4

洛阳涧西南村西晋墓 …………………………… 西南民族大学民族研究院 洛阳市文物考古研究院 2012 12 16

洛阳孟津朱仓西晋墓〔M〕〔T〕 ……………… 洛阳市文物考古研究院 2012 12 27

洛阳孟津朱仓北魏墓〔M〕〔T〕 ……………… 洛阳市文物考古研究院 2012 12 38

河南三门峡李家窑西周墓发掘简报〔M〕〔T〕

……………………………………………… 河南省文物考古研究所 三门峡市文物考古研究所 2014 3 4

河南郑州中原区新莽 M26 发掘简报…………… 郑州市文物考古研究院 2014 3 18

洛阳道北二路西晋墓发掘简报 ………………… 洛阳市文物考古研究院 2014 8 4

河南巩义唐墓发掘报告〔M〕〔T〕 …………… 郑州市文物考古研究院 巩义市文物管理局 2014 8 12

河南郑州南阳路宋墓发掘简报〔M〕〔T〕

……………………………………………… 郑州市文物考古研究院 2014 8 23

（一六）湖北省

湖北荆州观音垱汪家屋场遗址的调查 ………………………… 荆州博物馆　1999　1　17

湖北宜城县肖家岭遗址的发掘 …………………　湖北省文物考古研究所　1999　1　21
　　　　　　　　　　　　　　　　　　　　　　宜　城　县　博　物　馆

湖北荆州纪城一、二号楚墓发掘简报［M］［T］

…………………………………………………… 湖北省文物考古研究所　1999　4　4

湖北荆州秦家山二号墓清理简报［M］［T］ ……… 湖北省荆州博物馆　1999　4　18

湖北省荆门市四家一号楚墓 ……………………………… 荆门市博物馆　1999　4　29

关沮秦汉墓清理简报 ……………… 湖北省荆州市周梁玉桥遗址博物馆　1999　6　26

湖北省荆州市天星观二号墓发掘简报［M］［T］

…………………………………………………………… 荆州市博物馆　2001　9　4

随州市孔家坡墓地 M8 发掘简报［M］［T］

…………………………………………　湖北省文物考古研究所　2001　9　22
　　　　　　　　　　　　　　　　　　随　州　市　文　物　局

武昌龙泉山明代楚昭王墓发掘简报［M］［T］

…………………………………………　湖北省文物考古研究所　2003　2　4
　　　　　　　　　　　　　　　　　　武汉市文物考古研究所
　　　　　　　　　　　　　　　　　　武汉市江夏区博物馆

湖北钟祥明代梁庄王墓发掘简报［M］［T］

…………………………………………　湖北省文物考古研究所　2003　5　4
　　　　　　　　　　　　　　　　　　荆　门　市　博　物　馆
　　　　　　　　　　　　　　　　　　钟　祥　市　博　物　馆

湖北鄂州郭家细湾六朝墓 …………………… 黄义军　徐劲松　何建萍　2005　10　34

湖北随州义地岗墓地曾国墓 1994 年发掘简报［M］［T］

…………………………………………　湖北省文物考古研究所　2008　2　4
　　　　　　　　　　　　　　　　　　随州市曾都区考古队
　　　　　　　　　　　　　　　　　　随　州　市　博　物　馆

湖北荆州院墙湾一号楚墓［M］［T］ ……………………… 荆州博物馆　2008　4　4

湖北荆州纪南松柏汉墓发掘简报 ……………………………… 荆州博物馆　2008　4　24

湖北荆州熊家冢墓地 2006～2007 年发掘简报［M］［T］

……………………………………………………… 荆州博物馆 2009 4 4

湖北荆州谢家桥一号汉墓发掘简报［M］［T］ …………… 荆州博物馆 2009 4 26

湖北荆州明湘献王墓发掘简报［M］［T］ ………………… 荆州博物馆 2009 4 43

湖北襄樊樊城菜越三国墓发掘简报［M］［T］

…………………………………………… 襄樊市文物考古研究所 2010 9 4

湖北荆州熊家冢墓地 2008 年发掘简报［M］［T］

……………………………………………………… 荆州博物馆 2011 2 4

湖北随州叶家山西周墓地发掘简报［M］［T］

…………………………………………… 湖北省文物考古研究所 2011 11 4
               随 州 市 博 物 馆

湖北武汉磨元城周代遗址调查简报

……………………………… 武 汉 市 黄 陂 区 文 物 管 理 所 2011 11 61
           武汉市盘龙城遗址博物馆筹建处

湖北襄阳沈岗墓地 M1022 发掘简报［M］［T］

…………………………………………… 襄阳市文物考古研究所 2013 7 4

湖北襄阳余岗墓地 M714 发掘简报 …………… 襄阳市文物考古研究所 2013 7 20

（一七）湖南省

长沙走马楼 J22 发掘简报［M］［T］ ………… 长 沙 市 文 物 工 作 队 1999 5 4
               长沙市文物考古研究所

湖南黔阳高庙遗址发掘简报［M］［T］

…………………………………………… 湖南省文物考古研究所 2000 4 4

澧县孙家岗新石器时代墓群发掘简报 ………… 湖南省文物考古研究所 2000 12 35
               澧 县 文 物 管 理 处

湖南邵阳南朝纪年砖室墓 …………………………………… 邵阳市文物局 2001 2 63

湖南辰溪县松溪口贝丘遗址发掘简报［M］［T］

…………………………………………… 湖南省文物考古研究所 2001 6 4

湖南辰溪县征溪口贝丘遗址发掘简报［M］［T］

…………………………………………… 湖南省文物考古研究所 2001 6 17

湖南龙山里耶战国—秦代古城一号井发掘简报 [M][T]

……………………………………… 湖南省文物考古研究所 湘西土家族苗族自治州文物处 2003 1 4 龙山县文物管理所

沅陵虎溪山一号汉墓发掘简报 [M][T] …… 湖南省文物考古研究所 怀化市文物处 2003 1 36 沅陵县博物馆

长沙东牌楼7号古井（J7）发掘简报 [M][T]

……………………………………………… 长沙市文物考古研究所 2005 12 4

湖南宁乡炭河里西周城址与墓葬发掘简报 [M][T]

……………………………………………… 湖南省文物考古研究所 长沙市考古研究所 2006 6 4 宁乡县文物管理所

湖南岳阳桃花山唐墓 [M][T] ……………… 岳阳市文物考古研究所 2006 11 48

湖南长沙三公里楚墓发掘简报 ………………… 长沙市文物考古研究所 2007 12 4

湖南望城风篷岭汉墓发掘简报 [M][T] …… 长沙市文物考古研究所 望城县文物管理局 2007 12 21

湖南望城蚂蚁山明墓发掘简报 [M][T] …… 长沙市文物考古研究所 望城县文物管理局 2007 12 42

湖南长沙望城坡西汉渔阳墓发掘简报 [M][T]

……………………………………………… 长沙市文物考古研究所 长沙简牍博物馆 2010 4 4

湖南桂阳刘家岭宋代壁画墓发掘简报 [M][T]

……………………………………………… 湖南省文物考古研究所 2012 2 43

湖南长沙风盘岭汉墓发掘简报 ……………… 长沙市文物考古研究所 长沙市望城区文物管理局 2013 6 27

（一八）广东省

珠海平沙棠下环遗址发掘简报 [M][T] …… 广东省文物考古研究所 珠海市平沙文化科 1998 7 4

广东博罗银岗遗址发掘简报〔M〕〔T〕 ……… 广东省文物考古研究所 1998 7 17

广东仁化覆船岭遗址发掘 …………………… 广东省文物考古研究所 1998 7 31

广东封开筋竹口遗址发掘简报 ………………… 广东省文物考古研究所 封开县博物馆 1998 7 38

广东博罗银岗遗址第二次发掘〔M〕〔T〕 …… 广东省文物考古研究所 2000 6 4

广东和平县古文化遗存的发掘与调查 ………… 广东省文物考古研究所 和平县博物馆 2000 6 17

广州南越国宫署遗址1995～1997年发掘简报〔M〕〔T〕

………………………………………… 广州市文物考古研究所 南越王宫博物馆筹建办公室 2000 9 4

东莞村头遗址第二次发掘简报〔M〕〔T〕 …… 广东省文物考古研究所 东莞市博物馆 2000 9 25

广东徐闻县五里镇汉代遗址 …………………… 广东省文物考古研究所 湛江市博物馆 徐闻县博物馆 2000 9 35

广州南汉德陵、康陵发掘简报〔M〕〔T〕 …… 广州市文物考古研究所 2006 7 4

广东普宁龟山先秦遗址2009年的发掘〔M〕〔T〕

………………………………………… 广东省文物考古研究所 普宁市博物馆 2012 2 4

广东广宁龙嘴岗战国墓地2010年的发掘 …… 广东省文物考古研究所 广宁县博物馆 2012 2 18

广东连州东汉墓发掘简报 …………………… 广东省文物考古研究所 连州市博物馆 2012 2 29

（一九）重庆市

重庆市云阳县马粪沱墓地2002年发掘简报

………………………………………… 郑州市文物考古研究所 2004 11 19

重庆巫山水田湾东周、两汉墓发掘简报 ……… 武汉市文物考古研究所 巫山县文物管理所 2005 9 4

重庆云阳马沱墓地汉墓发掘简报 ……………… 郑州市文物考古研究所 云阳县文物保护管理所 2006 4 25

重庆奉节赵家湾东汉墓发掘简报［M］［T］

…………………………………………… 武 汉 大 学 考 古 学 系 重庆市文化局三峡办公室 2011 1 15

（二〇）四川省

成都市光荣小区土坑墓发掘简报 ……………… 成都市文物考古工作队 成都市文物考古研究所 1998 11 21

四川省温江县鱼凫村遗址调查与试掘［M］［T］

…………………………………………… 成 都 市 文 物 考 古 工 作 队 四川联合大学历史系考古教研室 1998 12 38 温 江 县 文 管 所

成都市青白江区跃进村汉墓发掘简报［M］［T］

…………………………………………… 成都市文物考古工作队 青白江区文物管理所 1999 8 19

四川成都水井街酒坊遗址发掘简报［M］［T］

…………………………………………… 成都市文物考古研究所 四川省文物考古研究所 2000 3 4

成都龙泉驿区北干道木棺墓群发掘简报 ……… 成都市文物考古研究所 龙泉驿区文物管理所 2000 8 21

四川三台郪江崖墓群2000年度清理简报［M］［T］

…………………………………………… 三台县文化体育局 三台县文物管理所 2002 1 16

成都市南郊唐代瓮公墓清理简报 ……………… 成都市文物考古研究所 2002 1 66

成都市蒲江县船棺墓发掘简报 ……………… 成都市文物考古工作队 蒲 江 县 文 物 管 理 所 2002 4 27

成都西郊石人小区战国土坑墓发掘简报 ……… 成都市文物考古研究所 成都市文物考古工作队 2002 4 32

成都明代蜀僖王陵发掘简报［M］［T］ ……… 成都市文物考古研究所 2002 4 41

考古及文物资料·四川省

成都市商业街船棺、独木棺墓葬发掘简报 [M][T]

…………………………………………… 成都市文物考古研究所 2002 11 4

四川郫县清江村遗址发掘简报 ……………… 成都市文物考古研究所 2003 1 56
郫 县 博 物 馆

成都市核桃村商代遗址发掘简报 ……………… 成都市文物考古工作队 2003 4 21

成都金沙遗址Ⅰ区"梅苑"地点发掘一期简报 [M][T]

…………………………………………… 成都市文物考古研究所 2004 4 4

四川中江塔梁子崖墓发掘简报 [M][T] …… 四川省文物考古研究所 2004 9 4
德阳市文物考古研究所
中江县文物保护管理所

四川宣汉罗家坝遗址2003年发掘简报 [M][T]

四川省文物考古研究所
…………………………………………… 达州地区文物管理所 2004 9 34
宣 汉 县 文 物 管 理 所

四川三台郪江崖墓群柏林坡1号墓发掘简报 [M][T]

四川省文物考古研究院
…………………………………………… 绵 阳 市 文 物 管 理 局 2005 9 14
三 台 县 文 物 管 理 所

四川汉源大地头新石器时代遗址 ……………… 四川省文物考古研究院 2006 2 4
雅 安 市 文 物 管 理 所
汉 源 县 文 物 管 理 所

四川西昌洼垴、德昌阿荣大石墓 [M][T]

四川省文物考古研究院
…………………………………………… 凉 山 州 博 物 馆 2006 2 10
西 昌 市 文 物 管 理 所

四川成都北宋宋京夫妇墓 ……………………… 成都市文物考古研究所 2006 12 52

成都市新都区商周遗址发掘简报 ……………… 成都文物考古研究所 2008 5 50
新都区文物管理所

成都下东大街遗址明代早期遗存发掘简报 [M][T]

…………………………………………… 成都文物考古研究所 2011 7 22

四川省文物考古研究院

四川什邡桂圆桥新石器时代遗址发掘简报 …… 德 阳 市 博 物 馆 2013 9 4

什 邡 市 博 物 馆

四川省文物考古研究院

四川宜宾沙坝墓地 2009 年发掘简报 ………… 宜 宾 市 博 物 院 2013 9 13

屏 山 县 文 物 管 理 所

（二一）云南省

云南晋宁石寨山第五次抢救性清理发掘简报 [M][T]

…………………………………………… 云南省文物考古研究所等 1998 6 4

大理海东罗荃塔塔基发掘报告 ……………………… 大理州文物管理所 1999 3 43

云南省文物考古研究所

云南昆明羊甫头墓地发掘简报 [M][T] …… 昆 明 市 博 物 馆 2001 4 4

官 渡 区 博 物 馆

云南昌宁坟岭岗青铜时代墓地 [M][T] …… 云南省文物考古研究所 2005 8 4

云南祥云红土坡 14 号墓清理简报 [M][T]

…………………………………………… 大理白族自治州博物馆 2011 1 4

（二二）陕西省

唐华清宫梨园、小汤遗址发掘简报 [M][T] ……… 唐华清宫考古队 1999 3 25

西安发现的北周安伽墓 [M][T] ………………… 陕西省考古研究所 2001 1 4

陕西洛南冀塬一号战国墓 ………………………………… 张懋镕 张小兵 2001 9 32

秦始皇陵园 K0006 陪葬坑第一次发掘简报 [M][T]

…………………………………………………… 秦始皇陵考古队 2002 3 4

西安中华小区东汉墓发掘简报 ………………… 西安市文物保护考古所 2002 12 15

西安东郊唐温绰、温思暕墓发掘简报 ………… 西安市文物保护考古所 2002 12 37

西安西北政法学院南校区 34 号唐墓发掘简报 [M][T]

…………………………………………… 西安市文物保护考古所 2002 12 50

西安唐代曹氏墓及出土的狮形香薰 ……………………………… 王自力 2002 12 66

考古及文物资料·陕西省

篇名	作者/单位	年份	期	页
唐姚无陂墓发掘简报 [M][T]	西安市文物保护考古所	2002	12	72
陕西大荔八鱼村3号清代石室墓发掘简报	陕西省考古研究所	2003	7	45
西安北郊战国铸铜工匠墓发掘简报 [M][T]	陕西省考古研究所	2003	9	4
西安北郊枣园大型西汉墓发掘简报 [M][T]	西安市文物保护考古所	2003	12	29
西安北郊尤家庄二十号战国墓发掘简报 [M][T]	西安市文物保护考古所	2004	1	4
唐康文通墓发掘简报 [M][T]	西安市文物保护考古所	2004	1	17
西安南郊唐墓（M31）发掘简报 [M][T]	西安市文物保护考古所	2004	1	31
西安东郊元代壁画墓	西安市文物保护考古所	2004	1	62
陕西长武郭村唐墓 [M][T]	长武县博物馆	2004	2	40
秦始皇陵园汉墓清理简报	王学理	2004	5	31
西安东郊西汉窦氏墓（M3）发掘报告 [M][T]	西安市文物保护考古所	2004	6	4
西安市长安区西北政法学院西汉张汤墓发掘简报 [M][T]	西安市文物保护考古所	2004	6	22
咸阳平陵十六国墓清理简报 [M][T]	咸阳市文物考古研究所	2004	8	4
西安市南郊茅坡村发现一座唐墓 [M][T]	西安市文物保护考古所	2004	9	56
西安北周凉州萨保史君墓发掘简报 [M][T]	西安市文物保护考古所	2005	3	4
1995年扶风黄堆老堡子西周墓清理简报 [M][T]	周原博物馆	2005	4	4
1996年扶风黄堆老堡子西周墓清理简报 [M][T]	周原博物馆	2005	4	26
陕西咸阳杜家堡东汉墓清理简报	咸阳市文物考古研究所	2005	4	43
秦始皇陵园K0007陪葬坑发掘简报 [M][T]	陕西省考古研究所 秦始皇兵马俑博物馆	2005	6	16
西安洪庆北朝、隋家族迁葬墓地	陕西省考古研究所	2005	10	47
西安理工大学西汉壁画墓发掘简报 [M][T]	西安市文物保护考古所	2006	5	7

陕西旬邑下魏洛西周早期墓发掘简报〔M〕〔T〕

……………………………………………… 咸阳市文物考古研究所 2006 8 19
旬 邑 县 博 物 馆

陕西旬邑下魏洛遗址发掘简报〔M〕〔T〕

西北大学文化遗产与考古学研究中心

……………………………… 陕 西 省 考 古 研 究 所 2006 9 21
旬 邑 县 博 物 馆

咸阳隋代萧绍墓 ……………………………………… 咸阳市文物考古研究所 2006 9 39

西安明代秦藩辅国将军朱秉橘家族墓〔M〕〔T〕

……………………………………………………… 陕西省考古研究所 2007 2 24
西北大学文博学院

陕西宝鸡纸坊头西周早期墓葬清理简报〔M〕〔T〕

……………………………………………………… 宝鸡市考古研究所 2007 8 28

西安南郊西晋墓发掘简报 ……………………………… 陕西省考古研究所 2007 8 48
西北大学文博学院

陕西洋县南宋彭昊夫妇墓 …………………………… 李 烨 周忠庆 2007 8 57

西安尤家庄六十七号汉墓发掘简报 …………… 西安市文物保护考古所 2007 11 42

陕西韩城梁带村遗址 M26 发掘简报〔M〕〔T〕

陕 西 省 考 古 研 究 所

……………………………………………… 渭南市文物保护考古研究所 2008 1 4
韩 城 市 文 物 旅 游 局

陕西潼关税村隋代壁画墓发掘简报〔M〕〔T〕 …… 陕西省考古研究院 2008 5 4

西安南郊潘家庄 169 号东汉墓发掘简报 ……… 西安市文物保护考古所 2008 6 4

西安北周康业墓发掘简报〔M〕〔T〕 ………… 西安市文物保护考古所 2008 6 14

西安长安区郭杜镇清理的三座宋代李唐王朝后裔家族墓

……………………………………………………… 西安市文物保护考古所 2008 6 36

西安南郊元代王世英墓清理简报〔M〕〔T〕

……………………………………………………… 西安市文物保护考古所 2008 6 54

陕西靖边东汉壁画墓 ……………………… 陕 西 省 考 古 研 究 院 2009 2 32
榆 林 市 文 物 研 究 所
靖 边 县 文 物 管 理 办 公 室

考古及文物资料·陕西省

篇名	作者	年份	期	页
西安张家堡新莽墓发掘简报 [M][T] ……… 西安市文物保护考古所		2009	5	4
西安南郊北魏北周墓发掘简报 [M][T] …… 西安市文物保护考古所		2009	5	21
西安西大街古井出土唐代遗物 ………………… 西安市文物保护考古所		2009	5	50
西安南郊隋李裕墓发掘简报 [M][T] …………… 陕西省考古研究院		2009	7	4
唐嗣號王李邕墓前遗址发掘简报 ………………… 陕西省考古研究院		2009	7	21
陕西甘泉金代壁画墓 [M][T] ………………………………… 王勇刚		2009	7	26
西安曲江翠竹园西汉壁画墓发掘简报 [M][T]				
……………………………………………… 西安市文物保护考古所		2010	1	26
陕西韩城梁带村墓地北区 2007 年发掘简报 [M][T]				
陕 西 省 考 古 研 究 院				
……………………………………… 渭南市文物保护考古研究所		2010	6	4
韩 城 市 文 物 旅 游 局				
西安曲江雁南二路西晋墓发掘简报 …………… 西安市文物保护考古所		2010	9	21
西安韦曲高望堆北朝墓发掘简报 [M][T]				
……………………………………………… 西安市文物保护考古所		2010	9	30
西安南郊潘家庄元墓发掘简报 ………………… 西安市文物保护考古所		2010	9	44
陕西华县梓里遗址发掘纪要				
……………………… 西北大学考古学专业 77 级华县梓里实习队		2010	10	34
陕西扶风纸白西汉墓发掘简报 ……………………… 陕西省考古研究院		2010	10	43
陕西靖边老坟梁汉墓发掘简报 [M][T] …… 榆林市文物保护研究所 靖边县文物管理办公室		2011	10	51
西安南郊西汉墓发掘简报 ………………… 西安市文物保护考古研究院		2012	10	4
西安唐殿中侍御医蒋少卿及夫人宝手墓发掘简报 [M][T]				
……………………………………………… 西安市文物保护考古研究院		2012	10	25
西安凤栖原唐郭仲文墓发掘简报 [M][T]				
……………………………………… 陕 西 省 考 古 研 究 院 西安市文物保护考古研究院		2012	10	43
陕西宝鸡石鼓山西周墓葬发掘简报 [M][T] ………… 石鼓山考古队		2013	2	4
陕西淳化枣树沟脑遗址 2007 年发掘简报 [M][T]				
西北大学文化遗产学院				
……………………………………………… 陕 西 省 考 古 研 究 院		2013	2	55
淳 化 县 博 物 馆				

西安西郊唐突骑施奉德可汗王子墓发掘简报［M］［T］

…………………………………………… 西安市文物保护考古研究院 2013 8 4

西安乳家庄宋代砖雕墓发掘简报

…………………………………………… 西安市文物保护考古研究院 2013 8 20

西安曲江元代张达夫及其夫人墓发掘简报［M］［T］

…………………………………………… 西安市文物保护考古研究院 2013 8 27

汉平帝康陵考古调查、勘探简报［M］［T］

…………………………………………… 陕西省考古研究院 咸阳市文物考古研究所 2014 6 50

（二三）甘肃省

兰州市兰工坪明戴廷仁夫妇墓 ………………… 甘肃省文物考古研究所 1998 8 59

甘肃敦煌汉代悬泉置遗址发掘简报［M］［T］

…………………………………………… 甘肃省文物考古研究所 2000 5 4

敦煌佛爷庙湾唐代模印砖墓［M］［T］ ………………… 甘肃省博物馆 2002 1 42

礼县圆顶山春秋秦墓［M］［T］ ……………… 甘肃省文物考古研究所 礼县博物馆 2002 2 4

甘肃安西潘家庄遗址调查试掘 ………………… 西北大学考古专业 甘肃省文物考古研究所 安西县博物馆 2003 1 65

甘肃礼县圆顶山 98LDM2、2000LDM4 春秋秦墓［M］［T］

…………………………………………… 甘肃省文物考古研究所 礼县博物馆 2005 2 4

甘肃武威磨咀子东汉墓（M25）发掘简报

…………………………………………… 甘肃省文物考古研究所 2005 11 32

甘肃庆城唐代游击将军穆泰墓［M］［T］ ……………… 庆阳市博物馆 庆城县博物馆 2008 3 32

2006 年度甘肃张家川回族自治县马家塬战国墓地发掘简报［M］［T］

…………………………………………… 甘肃省文物考古研究所 张家川回族自治县博物馆 2008 9 4

考古及文物资料·甘肃省

甘肃高台地埂坡晋墓发掘简报〔M〕〔T〕

…………………………………………… 甘肃省文物考古研究所 2008 9 29
高 台 县 博 物 馆

2006年甘肃礼县大堡子山祭祀遗迹发掘简报〔M〕〔T〕

…………………………………………… 早期秦文化联合考古队 2008 11 14

2006年甘肃礼县大堡子山东周墓葬发掘简报〔M〕〔T〕

…………………………………………… 早期秦文化联合考古队 2008 11 30

甘肃临潭磨沟齐家文化墓地发掘简报〔M〕〔T〕

…………………………………… 甘 肃 省 文 物 考 古 研 究 所 2009 10 4
西北大学文化遗产与考古学研究中心

张家川马家塬战国墓地2007～2008年发掘简报〔M〕〔T〕

…………………………………………… 早期秦文化联合考古队 2009 10 25
张家川回族自治县博物馆

甘肃永昌水泉子汉墓发掘简报 ………………… 甘肃省文物考古研究所 2009 10 52

张家川马家塬战国墓地2008～2009年发掘简报〔M〕〔T〕

…………………………………………… 早期秦文化联合考古队 2010 10 4
张家川回族自治县博物馆

甘肃肃北马鬃山古玉矿遗址调查简报〔M〕〔T〕

甘肃省文物考古研究所
…………………………………………… 北京大学考古文博学院 2010 10 27
北 京 科 技 大 学

甘肃玉门金鸡梁十六国墓葬发掘简报〔M〕〔T〕

…………………………………………… 甘肃省文物考古研究所 2011 2 26

甘肃武威磨嘴子汉墓发掘简报〔M〕〔T〕 …… 武威市文物考古研究所 2011 6 4

张家川马家塬战国墓地2010～2011年发掘简报〔M〕〔T〕

…………………………………………… 早期秦文化联合考古队 2012 8 4
张家川回族自治县博物馆

甘肃秦安王洼战国墓地2009年发掘简报

…………………………………………… 甘肃省文物考古研究所 2012 8 27

甘肃肃北马鬃山玉矿遗址2011年发掘简报〔M〕〔T〕

…………………………………………… 甘肃省文物考古研究所 2012 8 38

甘肃临潭磨沟墓地齐家文化墓葬2009年发掘简报〔M〕〔T〕

……………… 甘肃省文物考古研究所 2014 6 4
西北大学丝绸之路文化遗产保护与考古学研究中心

甘肃临潭磨沟墓地寺洼文化墓葬2009年发掘简报

……………… 甘肃省文物考古研究所 2014 6 24
西北大学丝绸之路文化遗产保护与考古学研究中心

甘肃秦安考古调查记略 …………………………… 甘肃省文物考古研究所 2014 6 44
秦安县博物馆

（二四）宁夏回族自治区

宁夏固原九龙山隋墓发掘简报〔M〕 …………… 宁夏文物考古研究所 2012 10 58

（二五）新疆维吾尔自治区

新疆尉犁县营盘墓地15号墓发掘简报〔M〕〔T〕

………………………………………………… 新疆文物考古研究所 1999 1 4

新疆库尔勒市上户乡古墓葬

………………………………… 巴音郭楞蒙古自治州文物保护管理所 1999 2 32

吐鲁番交河故城沟北1号台地墓葬发掘简报 …… 新疆文物考古研究所 1999 6 18

新疆石河子南山古墓葬 …………………………… 新疆文物考古研究所 1999 8 38
石河子市军垦博物馆
新疆大学历史系

新疆民丰县尼雅遗址95MNI号墓地M8发掘简报〔M〕〔T〕

………………………………………………… 新疆文物考古研究所 2000 1 4

新疆尉犁县营盘墓地1995年发掘简报〔M〕〔T〕

………………………………………………… 新疆文物考古研究所 2002 6 4

新疆鄯善三个桥墓葬发掘简报 ………………… 新疆文物考古研究所 2002 6 46
新疆大学历史系
吐鲁番地区博物馆
鄯善县文化局

考古及文物资料·新疆维吾尔自治区

新疆特克斯恰甫其海 A 区 XV 号墓地发掘简报

……………………………… 新 疆 文 物 考 古 研 究 所 　2006　9　32
　　　　　　　　　　　　西北大学文化遗产与考古学研究中心

新疆罗布泊小河墓地 2003 年发掘简报 [M][T]

…………………………………………………… 新疆文物考古研究所　2007　10　4

新疆乌鲁木齐萨恩萨依墓地发掘简报 [M][T]

…………………………………………………… 新疆文物考古研究所
　　　　　　　　　　　　　　　　　　　　　乌鲁木齐市文物管理所　2012　5　4

新疆伊犁尼勒克汤巴勒萨伊墓地发掘简报 ……… 新疆文物考古研究所　2012　5　13

　　　　　　　　　　　　　　　　　　　　　新疆博物馆考古部

新疆温宿博孜墩古墓 2008 年发掘简报 …………… 阿克苏地区文物局
　　　　　　　　　　　　　　　　　　　　　温宿县文体广电局　2012　5　23
　　　　　　　　　　　　　　　　　　　　　温宿县文物管理所

新疆柏孜克里克千佛洞窟前遗址发掘简报 [M][T]

…………………………………………………… 新疆文物考古研究所　2012　5　32

新疆哈巴河东塔勒德墓地发掘简报 [M][T]

…………………………………………………… 新疆文物考古研究所　2013　3　4

新疆阿勒泰地区古墓葬发掘简报 ………………… 新疆文物考古研究所　2013　3　15

新疆吐鲁番胜金店墓地 2 号墓发掘简报 ………… 新疆吐鲁番学研究院　2013　3　20

新疆木垒干沟遗址发掘简报 ……………………… 新疆文物考古研究所　2013　12　4

新疆昌吉努尔加墓地 2012 年发掘简报 ………… 新疆文物考古研究所　2013　12　22

新疆库车友谊路魏晋十六国时期墓葬 2007 年发掘简报 [M][T]

…………………………………………………… 新疆文物考古研究所　2013　12　37

新疆布尔津喀纳斯下湖口图瓦新村墓地发掘简报 [M][T]

…………………………………………………… 新疆文物考古研究所　2014　7　4

新疆巴里坤红山口遗址 2008 年调查简报

　　　　　　西北大学丝绸之路文化遗产保护与考古学研究中心

……………… 哈　密　地　区　文　物　局　2014　7　17
　　　　　　 巴　里　坤　县　文　物　局

新疆吐鲁番阿斯塔那墓地西区 2004 年发掘简报 [M][T]

…………………………………………………… 吐鲁番学研究院　2014　7　31

(二六) 其 他

塔吉克斯坦、乌兹别克斯坦考古调查
——铜石并用时代至希腊化时代

西北大学丝绸之路文化遗产保护与考古学研究中心
………………中 国 国 家 博 物 馆 2014 7 54
陕 西 省 考 古 研 究 院

三 博物馆展览与陈列

"中国文物事业五十年（1949~1999）"展览巡礼［M］［T］
……………………………… "中国文物事业五十年"展览筹展组 1999 10 4

惠世天工
——中国古代发明创造文物展
…………………………………… 王宣艳 裴 玙 梅丛笑 董淑燕 2012 10 89

盛世宝鼎 铸就辉煌
——河南博物院"鼎盛中华"展 ………………… 林晓平 陶 亮 2013 10 92

四 其 他

题目	作者	年份	期	页
祝《文物》月刊刊行500期三首（有序）	罗哲文	1998	3	95
鲜于枢生卒事迹考略［M］［T］	王连起	1998	12	71
石乾小考	张长虹	1999	4	77
南京大屠杀江东门遇难者遗骨发掘	侵华日军南京大屠杀遇难同胞纪念馆	1999	9	90
"春云"一诗作者应为文徵明	张长虹	2000	6	85
怀念俞伟超，呼唤"班村"精神	裴安平	2004	12	87
《文物》月刊600期感言［M］	张文彬	2006	5	4
苹木留茵 芳华沁人——缅怀徐苹芳先生	许 宏	2011	9	91
再谈梁思永先生与中国考古学［M］——纪念梁思永先生发掘昂昂溪遗址80周年暨昂昂溪文化学术研讨会"上的发言	张忠培	2013	7	38

附 录

文物501～700期总目索引·作者姓名索引

A

阿克苏地区文物局	108				
安徽省皖西博物馆	14	巴中市文物管理所	57	北京大学考古文博学院	
安徽省文物考古研究所		白宝玉	58	1	27
83⑧	84	白 彬	30	28	46
安吉县博物馆	82	白成军	70	72	74
安吉县文物保护管理所		白谦慎	38		106
	17	白荣金	60	61	
安家瑶	62	白艳芳	73	26	71
安丘市博物馆	86	白于蓝	33	73	88
安西县博物馆	105	白玉龙	60	北京大学考古学系	45
安英新	59	白云翔	62	52	72
安志敏	56	宝鸡市考古工作队	15	北京大学中国古代史研究	
敖天照	18	宝鸡市考古研究所	17	中心	35	53
		49	103	北京大学中国考古学研究	
B		保定市文物管理处		中心	26②
巴里坤县文物局	108	71	72	72	86
巴彦淖尔市博物馆	41②	鲍虎欣	30	北京科技大学	106
巴彦淖尔市文物工作站		北京大学出土文献研究所		北京科技大学冶金与材料史	
41②		34	35②	研究所	65③	67

巴音郭楞蒙古自治州文物保护管理所 107

北京大学古代文明研究中心 89

北京大学考古实习队 87

附 录·B·C

北京市文物研究所		24	长白朝鲜族自治县文物		陈鼓应	32
	68③	71④	管理所	59	陈洪海	58
北京市西城区文物管理所			长沙简牍博物馆	97	陈建立	58	66
		24	长沙市考古研究所	97		69	70
蚌埠市博物馆		83	长沙市望城区文物管理局		陈建云		48
别治明		55		97	陈建中		24
卜 工		2	长沙市文物工作队	96	陈 剑		33
			长沙市文物考古研究所		陈尽忠	20	25
	C						
			36	56	陈久金		17
蔡凤书		61		96	97⑥	陈侃理	35②	36
蔡连国		51	长武县博物馆		102	陈坤龙		69②
蔡乃武		10	长兴县博物馆		82	陈 丽		14
蔡全法		17	长治市博物馆			陈丽芳		24
蔡小莉		25		73	74②	陈丽华		62
蔡运章	12	14	常怀颖	18	35	陈 亮		18
	16②	17②	常熟博物馆		78	陈隆文		29
	18	60	常向阳		16	陈佩芬	14	15
	61	87②	常一民		59	陈奇猷		16
曹兵武		9	常玉英		56	陈启贤		67
曹臣民		41	常州博物馆		80	陈茎有		14
曹 宏		24	常州市博物馆		78	陈 山		66②
曹建恩	4	44	晁福林		8	陈树祥		19
曹锦炎		16	朝阳博物馆			陈松长	3	15
	19	33		55	58		34	36⑤
	34	60③	朝阳市博物馆		76		39	61
曹 龙		6	陈春雷		11	陈苏镇		35
曹 玮	3	14	陈 淳		1	陈万卿		44
	15	21	陈凤娟		55	陈 伟		33
曹彦玲		50	陈 刚		11		34②	36
曹英慧		21	陈根远		49	陈文秀		36
昌 芳		15	陈公柔		13	陈小波		49

附 录·C·D

陈晓捷	20	56	程亦胜		60	戴春阳		3
陈晓露		48	程永建		18	戴 霖		16
陈 馨		25	程永军	23	62	戴念祖		32
陈星灿		2	澄海市博物馆		46	戴向明		9
陈 秀		37	重庆市文化局三峡办公室			戴修政		14
陈彦堂		22			99	戴志强		55
陈 畔		70	重庆市云阳县文物管理所			丹徒县文教局		78
陈 雍	1	10			47	当涂县文物管理所		83
陈玉华		19	崇福寺文物管理所		75	德国海德堡学术院		54
陈元甫	11	25	崇州市文物管理所		25	德清县博物馆		27
陈悦新		9	褚卫红	18	30②	德阳市博物馆		101
	51④	52		60	61	德阳市文物考古研究所		
陈长喜		68②	淳化县博物馆		104			100
陈振裕		7	慈溪市文物管理委员会			登封市文物管理局		92
谌小灵		66			26②	登封市文物局		
成都市文物考古工作队			崔剑锋		69③		88	90
	26	43	崔利民	23	51		91	94
	50	99⑤	崔仁义		34	邓 聪		2
		100					10	57
成都市文物考古研究所			**D**			邓文宽		4
	18	26	达州地区文物管理所		100		33	64③
	44	50②	笪浩波		7	邓昭辉		57
	54	59	大川俊隆		34	荻原裕敏		36
	99⑥	100④	大理白族自治州博物馆			刁淑琴		16
成都文物考古研究所					101		17	61
	25	100②	大理州文物管理所		101	刁文伟		79
成 倩		62	大同市博物馆		53②	丁金龙		70②
程 红		61	大同市考古研究所		73④	丁兰坡		44
程 杰		54		74⑤	75⑨	丁明夷		50
程林泉	24	31	大卫·斯科特		70	丁義元		38②
程 旭		43	代丽娟		61	东莞市博物馆		98

附 录 · D · E · F · G

东阳市博物馆		82	繁昌县文物管理局	83②	傅熹年	2	38
董 波		62	范江欧美	55		45②	46
董华锋		39	范新生	63			
董健丽		23	方 辉	13	**G**		
董坤玉		7	方 闻	38②	甘肃省博物馆		105
董 琦		4	房学惠	37	甘肃省宁县博物馆		51
董 珊		12	汾阳市文物旅游局	75	甘肃省文物考古研究所		
	20	60	丰宁满族自治县文物管理所			32②	65
董淑燕		110		71		105⑦	106⑦
董卫剑		61	封开县博物馆	98			107③
董亚巍		66	封绍柱	22	49	高成林	8
董玉芹		55	冯安贵		23	高崇文	6
都兴智		31	冯恩学	31	59		8	34
杜金鹏	10②	46②	冯立昇		36	高大伦		40
杜林渊		48	冯 时		2	高 峰	23	42
杜平安		57	冯务健		60	高 虎		25
杜 勇		15	冯小琦		24	高静铮		55
杜战伟		7	冯智根		65	高 蕾		57
段宏振		5	凤阳县文物管理所		83	高 曼		22
	7	12	扶风县博物馆		17	高 敏	32	33
段志凌		31	浮梁县博物馆		28	高 明		15
			福建博物院		84②	高台县博物馆		106
E			福建沿海水下考古调查队			高西省	18	68
鄂尔多斯博物馆		76			84	高耀伟		21
			付文才		58	高移东		64
F			付正心		68	高振卫		78
凡国栋		19	傅刚		35	葛成雍		31
樊瑞平		29	傅红展		39	葛继勇		36
	30	50	傅举有		2	葛林杰		30
	60	71②	傅聚良		15	葛培谦		21
樊有升		30	傅宋良		23	葛英会		9

附 录 · G · H

葛兆光		2	郭良堂		16	翰 秋	15
耿 朔		48	郭海林		73	杭 侃	28	50
宫德杰	41	50	郭湖生		44	杭州市文物考古所	23
	51	85	郭金龙	62	66		46	81
宫希成		68	郭军涛		20	杭州市文物考古研究所	
龚德才		66	郭俊叶		41		43	82②
龚德亮		61	郭玲娣		29	郝本性		21
龚甜甜		64		50	71	郝利荣		42②
巩义市文物保护管理所			郭妙莉		55	郝士宏	3	12
	87②	90②	郭世军		30	何蓓洁		37
巩义市文物管理局		94	郭志委		7	何豪亮		9
古 方		57	国家文物局考古领队培训班			何建萍		95
谷城县博物馆		43			44	何 晋		35
谷 君		54		H		何秋菊		67
故宫博物院	27③	44				何双全		32
	45	84	Heinz Berke		69	何堂坤		61
故宫博物院古书画研究中心			哈密地区文物管理所		67	何旭红		5
		11	哈密地区文物局		108	何 钰		64
关冀华		61	邯郸市文物保护研究所			何志国		50
官渡区博物馆		101			71		60	66
广东省文物考古研究所			韩城市文物旅游局			和平县博物馆		98
	25	26		103	104	河北省文物局		72
	46	56	韩 飞		67	河北省文物考古研究所		
	97	98⑩	韩 革		52			72
广宁县博物馆		98	韩国河		7	河北省文物研究所		45
广州市文物考古研究所			韩国祥		76		71	72②
		98②	韩建业		4	河北省文物研究所定州汉墓		
贵州省文物考古研究所		41	韩汝玢	65	68③	竹简整理小组		32②
郭大顺	2	58	韩 魏	18	35②	河北易县燕下都遗址文物		
郭 丹		40	韩 伟	3	52	保管所		61
郭福祥		21	汉源县文物管理所		100	河姆渡遗址博物馆		82

附 录·H

河南大学历史文化学院		侯秀敏		61	淮安市博物馆		80
	94	侯 毅	17	45	黄凤春	19	62
河南省南阳市文物研究所		后晓荣		5	黄光新		60
	87	胡东波		35	黄国辉		13
河南省文物局南水北调文物			68	69	黄汉杰		23
保护办公室		胡 刚		19	黄怀信		35
92	94	胡国强	41	51	黄 凰		59
河南省文物管理局南水北调		胡继高		67	黄锦前		19
文物保护工作领导小组		胡明曌		31	黄 静		25
	94	胡平生		32②	黄留春		21
河南省文物考古研究所		胡小勇		15	黄美丽		60
26③	46	胡耀武		4	黄朴华		5
87②	88④	胡一红		68	黄清华	24②	25
89③	90②	胡之德		68	黄人二		33
92③	94③	湖北省荆州博物馆		95	黄盛璋		15
河南省文物考古研究所新郑		湖北省荆州市周梁玉桥遗址			黄天树		17
工作站	90	91	博物馆	95	黄 薇	24②	25
河南省驻马店市文化局	88	湖北省文物考古研究所			黄 维		69
贺大龙		48②	95⑥	96	黄维忠		53
贺 林		70	湖南省文物考古研究所		黄锡全		60
贺西林	6	40		44②	黄晓娟		69
贺玉萍		29	96④	97④	黄晓丽		21
贺云翱	3	49③	湖南益阳市文物管理处		黄秀英		39
鹤岗市文物管理站		77		14	黄宣佩		2
黑龙江大学古建筑声学			湖州市博物馆		黄阳兴		11
研究组		67	28	82	黄一农	33	64
黑龙江省文物考古研究所		华慈祥		63	黄义军		95
44	45②	华国荣		3	黄宇营		67
46	77③	怀化市文物处		97	黄跃昊		48
洪 海		68	怀宁县文物管理所	84	黄展岳		2
侯晋刚		42	怀仁县文物管理所	75		4	23

附 录·H·J

黄中鹤		19	贾利民		31	江小民	63
惠民县文物事业管理处		50	贾连敏	12	57	江阴博物馆	80
霍宏伟	55	89	贾敏峰		54	江阴市博物馆	79
霍 巍	3	29②	贾维勇	24	63	江章华	6
	40	50②	贾伟明		3	姜保国	20
	51	53	贾效孔		61	姜伯勤	45
			龚丽丽		60	姜建成	21
J			剑川石窟考古研究课题组			姜书振	21
吉琨璋		5			52	姜 涛	12
吉林大学边疆考古研究中心			江 枫		42		13②	57
		68③	江林昌		10	蒋洪恩	70
吉林大学考古学系			江陵张家山汉简整理小组			蒋卫东	58
	46	76②			32	蒋文孝	60
吉林省文物考古研究所			江宁区博物馆		79	蒋晓春	4	51
		47	江宁县博物馆		78	蒋志龙	2
吉水县博物馆			江苏江阴南楼遗址联合				14	68
	84	85	考古队		79	绛县文化局	74
纪烈敏		40	江苏省高城墩联合考古队			焦南峰	4
季羡林		56			78		5	6②
济南市博物馆		86	江苏省考古研究所		80		7	48
济南市考古所		86	江苏省三星村联合考古队			焦玉云	19
济南市考古研究所					79	焦作市文物工作队	93
	85②	86②	江苏省文物管理委员会			金家广	42
济南市文化局文物处		41	办公室		11	金雀山考古发掘队	85
冀洛源		55	江苏泗阳三庄联合考古队			金 申	49
冀艳坤		49			79	金维诺	40
嘉祥县文物管理局		42	江西省文物考古研究所			金英美	24
嘉兴市博物馆		81		26	27⑥	金永田	30
贾海新		16		28③	45	金正耀	14	16②
贾汉清		43		84⑥	85⑤	晋 华	52
贾建威		19	江小角		13	晋江市博物馆	84

附 录·J·K·L

荆门市博物馆		95②	昆山市张浦镇文体站	80	李光城		67
荆勤学		55			李广安	15	20
荆山黄帝陵管理所		89	**L**		李广宁		23
荆州博物馆		43	蓝 勇	38	李国利		21
	95③	96④	郎保利	59	73	李国强		37
荆州市博物馆		95	雷时忠		20	李国荣		36
井中伟		61	雷 闻		37	李 海		67
景德镇民窑博物馆			雷 雨		8	李海祥		6
	27	28	雷玉华	50	51	李合群		55
景德镇市陶瓷考古研究所			黎飞艳		25	李 红		55
	27④	28	礼县博物馆		105②	李洪甫		31
	45	84	李爱国	50	73	李 铧		22
景德镇陶瓷历史博物馆		26	李伯谦	1	6	李辉柄		26
景竹友		15		7	13	李 慧		74
靖安县博物馆				14	15	李 季		2
	84	85②	李朝阳		22	李家浩	14	35
靖边县文物管理办公室			李朝远		12	李建军		59
	103	104		16	60	李建平		22
巨建强		42	李崇峰		54	李解民		32
俊 涛		61	李储森		30	李锦山		41
			李春敏		54	李缙云		10
	K		李丁生		62	李 晶	13	15
开封市文物工作队		47	李东风		70	李晶寰		15
开封宋城考古队		44	李鄂权		23	李敬斋		37
阙绪杭	19	59	李恩玮		71	李 军		71
康 京		13	李 发		29	李均明	33	36
孔令远		19	李 放		22	李浪涛		29
孔令忠		42	李 枫		19		41	42
孔祥星		61	李 峰	12	19		54	56
昆明市博物馆		101	李 锋		47	李 力		10
昆山市文物管理所		80	李福昌		85	李立祥		49

附 录·L

李 零	2	34②	李轩鹏		52	李振光	51
	35③	59	李学勤	1	5	李知宴	8
李龙章		16		7	9	李志荣	9
李 伦		31		12	13②	10	47
李梅田	7	8		14③	15	李治益	14
李米佳		16		16②	17③	李子春	17
李 明		69		18	19②	30	41
李穆斌		66		20	31	李最雄	68
李培林		16		32②	33②	澧县文物管理处	96
李 萍	25	38		34④	35	连云港市博物馆	
李 强		59	李雪芹		52	29	80
李乔生		19	李延莉		22	连云港市文管会办公室	29
李清丽		16	李延祥	8	16	连州市博物馆	98
李少兵		7		55	65	涟水县图书馆	80
李 混		38	李 岩		7	凉山州博物馆	100
	39	64	李艳华		19	梁宝鎏	68
李世源		45	李 烨		103	梁宏刚	66
李守奎	34	35	李一平		24	梁少膺	28
李水城		14	李映福		49	梁松涛	30
李溯源		19	李永平		14	梁晓景	87
李桃元	44	66		19	53		49	87
李天虹		7	李永强		30	梁奕建	29
李文瑛		43	李 勇		61	梁永照	31
李锡鹏		55	李玉中		4	梁 勇	3
李献奇		30②	李裕群		50	梁长海	22
李 肖		37②		51②	52②	梁志龙	76
李小莉		59		53②	54②	辽宁省文物考古研究所	
李晓岑	66④	68②	李 媛		20	65	72
李晓帆		55	李则斌		11	76④	77④
李晓青		16		23	50	辽上京博物馆	76
李晓霞		64	李 凉		64	辽源市文物管理所	77

附 录·L

聊城市东昌府区文物管理所		刘 栋	8	16②	刘 明		37
	56		17	19	刘庆柱		43
聊城市文物局	56	刘福珍		23	刘荣华		24
廖 奔	41	刘富立		51	刘善沂		86②
廖佳行	13	刘富良		63	刘双智		51
廖名春	36	刘冠军		51	刘思哲		58
廖永民	22	刘国栋		64	刘 涛	9	23
林德民	56	刘国胜		35		29	30
林繁德	66	刘国祥	3	57		33	39
林 健	25	63	刘海超		83	刘铁程		29
林梅村		24	刘海文		37	刘 巍		3
	25	39	刘海宇		43	刘卫鹏		4
	54	65	刘航宁		57		5	22②
林悟殊		54	刘合心		29	刘文齐		69
林西县文物管理所	23	刘怀君	15	16②	刘晓华		15
林晓平	110	刘 辉		39	刘心健		30
林业强	16	刘继东		30	刘新园		23
林 玉	39	刘建华	50	52		24	63②
林 源	48	刘建军	52	54	刘信芳	33	59
林志鹏	33	刘 杰		66	刘 绪		7
临安市文物馆	81	刘 静		8	刘学样		30
临城县文物保管所	72	刘九庵		39	刘雪彦		30
临朐县博物馆		刘军社		15	刘 妍		48
	50	85	刘俊喜		30	刘 岩	11	25
临沂市文化局	86		40②	41	刘业沣		30
灵宝市文物保护管理所	89		42	43	刘一曼		10
灵川县文物管理所	15	刘乐贤	33②	34③	刘 毅	6	43
刘 斌	7	刘 鲃		58	刘永剑		18②
刘春迎	47	刘 莉		5	刘友恒	22	30
刘道广	23	刘 林		51		49	71
刘德胜	8	刘 潞		38	刘佑新		50

附 录·L·M

刘余力		17	路东之		21	洛阳市文物工作队
	18②	20	路智勇		63		26	27
	60	61	栾丰实	4	9		31	45
刘 雨		15		58	64		47	87⑥
刘 岳		62	伦敦大学学院考古学院				88③	89⑨
刘云辉		58			48		90⑥	91⑥
刘云涛	42	85	罗·乌兰		37		92③	93⑪
刘占成		60	罗二虎	7	50	洛阳市文物考古研究院
刘昭允		20	罗 丰		18			94⑤
六安市文物管理所		83		30	59	吕成龙		23
六安市文物局		83	罗进勇		51		24	26
六合县文物保管所		41	罗 琨		17	吕厚均		68②
龙泉驿区文物管理所		99	罗 群		63	吕 静		62
龙山县文物管理所		97	罗世平	40②	42	吕梁地区文物局		42
龙 腾		21		49	50	吕烈丹		68
	29	58	罗西章		13	吕晓洁		69
隆化县博物馆		62	罗 新	32	33	吕 燕		70
娄金山		13	罗新慧		33			
娄 玮		38	罗 扬		63	M		
娄欣利		7	罗 炤		8	马鞍山市文物局		83
楼建龙	47	48		40	54②	马保春	19②	21
楼 卫		70	罗哲文		111	马承源		15
卢青峰		48	罗宗勇		51	马 健		8
卢兆阴		57	洛阳博物馆		91	马琳燕		70
卢兆荫		2	洛阳市第二文物工作队			马清林	8	68②
鲁北沿海地区先秦盐业			21	46			69	70
考古课题组		67	55	56	马三鸿	30	87
陆明华		24		87⑤	88⑥	马世长		52
陆鹏亮		18		89②	90⑧	马 涛		49
陆勤毅		19		91⑩	92③	马王堆汉墓帛书整理小组
鹿秀美		55			93⑦			36

附 录 · M · N · O

马小青		31	南江县文物管理所			南阳市文物考古研究所		
马燕如		67			57		43	89
马永赢		48	南京博物院		78		90	93
马 勇		60		79	80			94
马志敏		16	南京博物院考古研究所			南越王宫博物馆筹建办公室		
麦积山石窟艺术研究所				78	79			98
考古研究室		53	南京大学历史系考古专业			内蒙古博物馆		62
毛晨佳	69	70			46	内蒙古赤峰市敖汉旗博物馆		
毛 芹		21	南京栖霞区文化局		79			76
毛瑞林	6	58	南京师范大学文物与博物馆			内蒙古师范大学		48
毛阳光		30	学系		79	内蒙古师范大学科学技术史		
眉县文化馆		15	南京市博物馆		41	研究院		76
梅丛笑		110		56	77	内蒙古文物保护中心		48
梅建军	69②	70		78⑩	79⑦	内蒙古文物考古研究所		
孟宪实		37②		80⑥	81③		48	76④
孟耀虎		65	南京市江宁区博物馆			内蒙古兴安盟文物工作站		
绵阳市文物管理局					79③			62
		100		80③	81	内蒙古自治区文物考古		
绵阳市文物局		51	南京市六合区文化局		80	研究所		76
民权县文化局		93	南京市文物局		11	倪克鲁		51
明晓艳		39	南京市文物研究所		45	聂崇正	38	39
牡丹江市文物管理站				46	79	聂 菲	62	63②
	44	46	南京市雨花区文管会		78	聂 卉		42
穆红梅		19	南京市雨花台区文化局			宁方勇		54
穆 强		15		80	81	宁夏文物考古研究所		107
			南陵县文物管理所		83	宁乡县文物管理所		97
	N		南普恒	66	69	宁志超		23
南宝生		16	南阳地区文物研究所				O	
南昌市博物馆		84②			88			
南宫市文物保管所			南阳市古代建筑保护研究所			瓯海区文博馆		82
		72			41	欧阳世彬		23

· 123 ·

附 录 · P · Q · R

P

			屏山县文物管理所		秦 亚	69
				101	秦 颖	59	65
潘其风	2	3	蒲天彪	48		66	69
盘龙城遗址博物馆筹建处			浦江县文物管理所	99	青白江区文物管理所	
		5	普兰店市博物馆	77		99
庞 昊		13	普宁市博物馆	98	青州博物馆	51
裴安平		3			青州市博物馆	86②
	5	111	**Q**		清格勒	61
裴建平		51	栖霞县文物管理所	41	清华大学出土文献研究与	
裴淑兰		49	亓昊楠	64	保护中心	34
彭 浩	32②	33②	齐东方	40	庆城县博物馆	105
彭慧萍		21	齐里亚马 · 赫曼	25	庆阳市博物馆	105
彭 佳		59	齐木德 · 道尔吉	60	庆昭蓉	36
彭金章	52	55	齐雅珍	57	邱宏亮	61
彭锦华		32	祁国翔	70	邱振威	70
彭善国		25	祁头山联合考古队	79	邱忠鸣	52
彭适凡		61	钱耀鹏	6	44	裘 玙	110
彭 卫		7		46	58	裘锡圭	12④	13
彭裕商	13	17	乔 梁	8	22		15	16
彭州市博物馆		18	侵华日军南京大屠杀遇难		渠传福	4
	50	59	同胞纪念馆	111	曲沃县文物局	74
鹏 宇		43	秦安县博物馆	107	权奎山	24
郫县博物馆		43	秦大树	8	全 洪	5
	44	100		9②	11②		59	63
平顶山市文物管理局				23②	24②	**R**	
	91	94		25	27		
平顶山市文物管理委员会			秦始皇兵马俑博物馆		饶宗颐	2	15
	87			47	102	任 萌	41
平顶山市文物局		92	秦始皇帝陵博物院	47	任相宏	15
平湖市博物馆		82	秦始皇陵考古队	101	任志录	24
平阴县博物馆		41	秦士芝	60	日本上智大学	45

附 录·R·S

荣新江	3	37	山东沂水县博物馆	85	单霁翔	4②	5②
	40	42	山东邹城市文物局	85	鄯善县文化局		107
容达贤		3	山西博物院	75②	商丘市文物局		93
芮城县文物局		74	山西大学科学技术哲学研		商彤流		73
			中心	75	上海博物馆考古研究部		
S			山西大学文博学院			56	77②
三门峡虢国博物馆		18		74②	上海市文物管理委员会		
三门峡市文物工作队			山西省大同市考古研究所				77②
	87	88②		74	尚 刚		25
三门峡市文物考古研究所			山西省考古研究所		尚海啸		29
	18	89		26	53	尚 杰		19
	92③	94		72	73⑦	尚民杰	24	32
三台县文化体育局		99		74⑦	75⑤	邵安定		69
三台县文物管理所			山西省考古研究所侯马			邵 磊	21	49
	99	100	工作站		73	邵阳市文物局		96
沙武田	52	55	山西省夏县司马光墓文物			邵永海		35
沙 因		10	管理所		46	绍兴县文物保护管理所		
山东大学历史文化学院			山西省泽州县旅游文物					81②
考古系		85	管理中心		53	涉县文物保管所		71
山东大学美术考古研究所			山下将司		31	申秦雁		33
		11	陕西省考古研究所			申云艳		49
山东临朐山旺古生物化石				15	101	神木县文物管理办公室		43
博物馆		48		102④	103④	沈乃文		54
山东省博物馆		86	陕西省考古研究院		43	沈天鹰	42	57
山东省青州市博物馆				103②	104⑥	沈阳市文物考古研究所		
		49		105	109			76
山东省石刻艺术博物馆			陕西省文物局文物鉴定组			沈岳明	11	27
		54			59	沈长云		15
山东省文物考古研究所			汕头市文化局		56	师小群	43	60
	48	56	汕头市文物管理委员会			狮子山楚王陵考古发掘队		
	85	86⑦			46		10	78

附 录·S·T

施劲松		7	四川省文物考古研究所			随州市曾都区考古队	95
	9	13		99	100②	随州市文物局	95
施文博		11	四川省文物考古研究院			孙昌盛	60
施谢捷		14		44	48	孙 华	5
什邡市博物馆		101		51②	57		18	19
石鼓山考古队		104		100③	101②		30	42
石皓		32	四川宋瓷博物馆		25	孙慧珍	20	23
石河子市军垦博物馆			宋国定		21②	孙 机		2
		107	宋 建		22		9	14
石景山区文物管理所		71	宋建忠	5	6		57③	62②
史金波		64		28	69	孙继民		31
史 篪		37	宋俊荣		69	孙建华		30
水 涛		9	宋少华	6	32	孙 健		56
	11	14	宋文强		51	孙敬明		60
朔州市文物局		75	宋新潮		7	孙力楠	13	17
司马国红		31	宋秀兰		55	孙庆伟	15	17
司学标		62	宋镇豪	12②	34	孙荣华		48
四川大学考古学系		92	宋中雷		25	孙淑云		60
四川大学历史文化学院			苏朝阳		25		66②	68
考古系		46	苏洪礼		23	孙树栋		8
	52②	53②	苏 奎		61	孙伟刚		48
	54	91	苏黎世大学东亚美术系			孙闻博		34
四川大学历史文化学院					48	孙新民		27
考古学系	47	91	苏 林		47	孙新生	20	28
四川大学艺术学院		51	苏铉淑		55	孙亚冰		10
四川大学中国藏学研究所			苏州博物馆		78③	索秀芬		7
	46	52②	苏州市考古研究所		80	**T**		
	53②	54	宿 白	6	10			
四川联合大学历史系				44④	51	台来提·乌布力		11
考古教研室		99	随州市博物馆		13	太原市晋源区文物旅游局		
四川省茂县博物馆		51		95	96			73

附 录·T·W

太原市考古研究所		73	天长市文物管理所		王 策		34
太原市文物考古研究所				18	83②	王昌燧		65
	73⑤	75	田彩霞		50	王春波		55
泰安市博物馆		85	田村诚		34	王大方	28	37
泰州市博物馆		81	田怀清		16	王 方	57	58
谭世宝		2	田甲辰		55	王方宇		38
	29	37	田建文	5	15	王根富		4
汤 威	20	22	田 军		24	王光尧		26
汤毓贤		28	田立坤	31	40	王 豪		25
唐 飞		16		66	67	王 颢	8	19
唐国文		21	田 林		54	王红星		5
唐汉章		59	佟伟华	14	69	王 宏		20
唐红炬		31	佟柱臣		60	王华庆		50
唐洪志		36	桐柏县文物管理委员会		90	王 辉		6②
唐华清宫考古队		101	桐庐博物馆		82		21	58
唐俊杰	27	69	桐乡市文物管理委员会		82		67	69②
唐先华		14	铜鼓县秋收起义纪念馆			王惠明		86
唐晓峰		71			85	王惠霞		57
唐 新		48	吐鲁番地区博物馆		107	王纪潮		3
唐治泽		64	吐鲁番学研究院		108	王建斌		48
唐友波		16		W		王建华	3	7
陶富海		28				王建新	41	70
陶 亮		110	万 娇		8	王剑平		51
陶 倩		28	万 欣		61	王健华		25
陶 荣		47	万雄飞		31	王金元		42
陶正刚		65	汪景辉		65	王 进		52
滕昭宗		29	汪力工		33	王进先	73②	74
滕州市博物馆			王爱武		17	王君卫		50
	85	86	王保平		52	王 恺	20	69
天长市博物馆			王 博		62	王 乐		63
	18	83②		64	66	王丽娟		60

附 录·W

王丽敏	14	30	王 伟		33	王占奎		7
王连龙		31	王 炜		20		13	15②
王连起	39③	111	王文华		44	王长丰		61
王 琳		65	王文耀		18	王长启	15	23
王灵光	21	58②	王晓军		23	王兆春		60
王龙正		13③	王晓毅		4	王珍仁	20	23
王明芳		63②	王 新		52	王震中		9
王 沛		22	王新良		42	王正书	12	57②
王 鹏		64	王新夏		21	王志高	3	24
王鹏辉		64	王宣艳		110		49	63
王其亨	65②	70	王学理		102	王子初	13	18
王其祎		30	王亚庆		18		63	64
王巧莲	22	49	王 烨		21	王子今		32
	60	71	王亦旻		40		33②	34②
王 青	16	67	王益民		47		40	43
王清雷	17②	19	王银田		6	王子扬		13
王人聪		13		28	40	王自力	58	101
王仁湘	3②	22		41	64	望城县文物管理局		97②
	57	58	王 英		19	望 野	6	24
王瑞霞		50	王颖竹		8	微山县文物管理所		41②
王上海	21	27	王永彪		59	韦 正	4	6
王世民	13	14	王永兴		36		40②	58
	15	17	王勇刚		22		62	63
王树芝		70		49②	104	卫 峰		6
王双斌		42	王友华		18	卫 斯		29
王 素		2	王宇红		29	渭南市文物保护考古研究所		
	32②	33②	王元林		55		103	104
	34	37④	王 樾		11	魏海波		76
王望生		19	王运辅		60	魏继印		66
王 巍		1	王泽庆		54	魏 坚		3
王维达		67	王泽文		17		7	44

附 录·W·X

魏克彬		34	吴荣曾		36	西北大学考古学专业77级
魏兴涛		21	吴 锐		45	华县梓里实习队	104
魏正中		53	吴小红		69④	西北大学考古专业	105
温必涛		36	吴绪刚		50	西北大学丝绸之路文化遗产
温江县文管所		99	吴炎亮		8	保护与考古学研究中心
温宿县文体广电局		108	吴应荣		67		107②
温宿县文物管理所		108	吴玉贵		40②	108	109
温州市文物保护考古所			吴聿明		60	西北大学文博学院
	28	82	吴振武		14	43	103②
文启明		2		15	17	西北大学文化遗产学院
文物编辑部		10	吴镇烽		60		104
闻 广		19	武宝民		21	西北大学文化遗产与考古学
	39③	40	武汉大学考古学系		99	研究中心
翁雪花	59②	79	武汉市黄陂区文物管理所			44	103
沃勒冈大学地学院		67			96	106	108
乌 恩		15	武汉市江夏区博物馆		95	西藏阿里地区文化广播
乌鲁木齐市文物管理所		108	武汉市盘龙城遗址博物馆			电视局	52	53
乌审旗文物管理所		76	筹建处		96	西藏自治区文物局		52
邬红梅		78	武汉市文物考古研究所			53②	54
巫 鸿	4	6		95	98	西藏自治区文物事业管理局
巫山县文物管理所		98	武威市文物考古研究所			46	52
巫新华		47			106	西昌市文物管理所		100
无锡市锡山区文物管理				**X**		西南民族大学民族研究院
委员会	79	80					94
吴爱琴		23	西安市大清真寺		29	淅川县博物馆		89
吴 茁	29	34②	西安市文物保护考古所			下靳考古队		73
吴建平		27		29	51	夏 丰		44
吴 健		70		101③	102⑪	夏含夷		15
吴江市文物陈列室		78		103⑤	104⑦	夏 晖		58
吴 立		19	西安市文物保护考古研究院			夏君定		67
吴明哲		21		104③	105③	夏朗云		39

附 录·X

夏名采	38	50	解 华		52	盱眙县文广新局	80
夏商周断代工程专家组	3		辛 革		22	徐婵菲	40
夏笑容		11	辛礼学		64	徐承泰	55
厦门大学历史系考古专业			辛怡华	8	16②	徐大立	11
	85②			17	19	徐凤先	17
咸阳市文物考古研究所			新巴·达娃扎西		29	徐广德	66
	102②		新蔡县文物保护管理所			徐华烽	25
	103②	105			88②	徐劲松	95
冼鼎昌		67	新都区文物管理所		100	徐良高	10
湘西土家族苗族自治州			新会市博物馆		26	徐苹芳	3
文物处		97	新疆博物馆考古部		108		8	9
襄樊市文物考古研究所		96	新疆大学历史系		107②	徐戎戎	25
襄阳市文物考古研究所			新疆龟兹研究院			徐少华	7	17
	96②			35	53	徐天进		5
襄垣县文物博物馆		74④	新疆吐鲁番学研究院		108		13	15
向开旺		59	新疆文物考古研究所		67	徐闻县博物馆	98
向桃初		44		107⑥	108⑪	徐怡涛	47	70
项 章		20	新密市博物馆		87	徐义华		9
肖贵田		47	新泰市博物馆		86	徐在国		14
肖 璘	60	68	信阳市文物工作队		89	徐长青		23
肖霞云		70	邢富华	29	31	徐昭峰		47
萧家仪		70	邢建洛	29	31	徐州博物馆	25	42
萧明华		20	邢台市文物管理处		72⑤		78	79②
萧山博物馆	26	82②	邢 文	10②	11		80②	81
萧一亭		2		12	32②	徐州汉兵马俑博物馆		65
谢 飞		31②	荥阳市文物保护管理所			许昌春秋楼文物管理处	
谢继胜		53			90			94
谢明刚		50	幸晓峰		58	许昌市文物工作队		94
谢新建		30	熊北生		15	许 宏		3
谢 焱	6	58	熊学斌		30		5	10
谢尧亭		69	盱眙县博物馆		79		45	111

附 录·X·Y

许建强		20	杨 波		47	杨晓能		17
许 玲		61	杨昌鸣		54	杨孝军		42②
许全胜		39	杨超杰		52	杨 新	38③	39④
许晓东		64	杨春风		48	杨新民		22
许之咏		16	杨 琼		66	杨秀丽		16
宣汉县文物管理所		100	杨凤翔		55	杨颖亮		69
薛新明		4	杨富巍		48	杨永芳		55
薛 雁		63	杨富学		31	杨 勇	10	62
薛永年		2	杨钢锋		19	杨玉彬	19	21
旬邑县博物馆		103②	杨海莉	19	59		49	83
			杨海艳		66	杨育彬		9
Y			杨 泓		2②	杨泽生		35
雅安市文物管理所		100			60	61②	杨泽雄		48
亚合浦江		70	杨鸿勋	7		47	杨哲峰	6	10
烟台市博物馆		41	杨家村联合考古队		15		22	25
严 辉		30	杨建芳	7		57		40	56
	43	46			58②	67	姚 安		68
	48	54	杨建华			22	姚士宏		52
严文明		1②	杨 洁			31	姚朔民		55②
严耀中	52	54	杨 晶	9		57②	姚智辉		60
阎步克		35	杨军昌			68	叶润清		19
兖州市博物馆		86	杨军凯	30		31	叶县文化局		91
偃师商城博物馆		92	杨立新			65	叶展新		49
偃师市文物管理委员会			杨丽丽			38	衣丽都		53
		91②	杨林中			73②	宜宾市博物院		
砚 鸿		60	杨 楠			23		48	101
燕燕燕		43	杨升义			37	宜城县博物馆		95
扬之水	4	23	杨文成			20	宜阳县文物保护管理所		
	59②	64	杨文宗			69			89
扬州市文物考古研究所		80	杨武站			6	易县文物保管所		72
杨爱国		2	杨晓春			31	殷安妮		63

附 录·Y·Z

殷玮璋		66	玉溪市红塔区文物管理所		运城市文物工作站	74
殷 宪	28	43		26	运城市文物局	74
银雀山汉墓发掘队		85	员雅丽	66	**Z**	
尹吉男		38	沅陵县博物馆	97		
尹俊敏		20	袁广阔	19②	早期秦文化联合考古队	
尹增淮		42		21	45	47	106⑤
英加布		29	袁 杰		39	枣庄市博物馆	86
永城市博物馆			袁金平		11	枣庄市文物管理委员会	
	42	93	袁 婧	56	68	办公室	86
永城市文物局		42	袁俊杰	13②	19	枣庄市峄城区文广新局	86
永嘉县文化馆		28	袁庆华		51	曾蓝莹	32
于 冰		56	袁 泉		62	翟春玲	50
于凤芝		20	袁曙光		50	翟盛荣	52
于 莽		33	袁晓红		66	湛江市博物馆	98
于建军		8	袁艳玲		17	张爱冰	19	20
于振波		33	岳洪彬		12	张爱云		58
于中航		39	岳麓书院藏秦简整理小组			张北县元中都遗址管理处	
余杭博物馆		43			36		45
余姚市文物保护管理所		82	岳 梅		55	张步军	31
俞凉亘		13	岳 起	4	5	张昌平	5
俞慕寒		68②	岳升阳		71		7	18
俞伟超	1②	29	岳阳市文物考古研究所		97		19	20
俞文光		68	岳占伟	12	66	张 弛		7
榆林市文物保护研究所			云冈石窟文物研究所		53		9②	30
		104	云冈石窟研究院		69	张存良		34
榆林市文物考古勘探工作队			云南大学历史系		52	张德芳		32
		43	云南省文物考古研究所			张德良		18
榆林市文物研究所		103		26	101③	张 东		8
雨花区文化局			云燕		61	张 弓		38
	77	78②	云阳县文物保护管理所		99	张光裕		8
玉山县博物馆		27	云阳县文物管理所		47		14	18②

附 录·Z

张光直		1	张培瑜	12	15	张文玲	19	20
张桂莲		23		16	17	张文莹		84
张国茂		65	张朋川	3	37	张闻捷		6
张国硕		66		39②	54	张翔宇	31	41
张宏彦		5	张 鹏		11	张肖马		50
张鸿亮	43	48	张 擎		16	张小兵		101
张焕新	25	66	张庆捷		30②	张小丽	6	62
张基伟		70		41	47	张晓光	21	30
张家川回族自治县博物馆				56	59	张筱林		19
	105	106③	张 琼		69	张芯侠		55
张家港市文物管理委员会			张全超		4	张兴国		42
		78	张全民		25	张绪球		57
张家口市文物管理处		45	张荣强		33	张学锋		47
张家口市宣化区文物			张胜男		48	张延峰		56
保管所		72⑤	张十庆		45	张 英		22
张 剑		87②		47②	48	张应桥	16	18
张剑葳		47		49	63	张勇剑		69
张景明		59	张书良		30	张玉忠		22
张 君		4	张体鸽		22	张驭寰		47
张 立		27	张天恩		6	张 元		49
张立明		51		16	60	张 耘		43
张 丽		49	张廷皓		56	张 蕴		6
张丽华		20	张 婷		7	张泽松		16
张利洁		66	张 威		37	张长虹		111②
张 莉		7	张 伟		22	张长寿		13
张龙海		58	张伟宁		19		15	19
张陇宁		29	张伟然		28		39③	40
张懋镕	13	14	张卫星	6	64	张 昭		14
	15②	101	张渭莲		5	张振谦		60
张 敏		6		7	12	张正发		14
张敏波		42	张文彬		111	张志华		22

附 录·Z

张志忠	31②	42	赵力华		67	郑 玲		19
张治国	68	69	赵立国		41	郑庆春		52
张中华		31	赵 莉		11	郑 岩		40
张忠培		1	赵 鹏		42		42	49
	2	3	赵平安		12	郑燕梅		47
	9	111		20	35②	郑勇德		51
张孜江		59	赵瑞民	40	56	郑远文		21
张子英		31	赵瑞廷		67	郑志宏		58
张 总		49	赵文俊		13	郑州大学历史学院		
	50	52	赵文琦		49②		45	92②
章丘市博物馆		61	赵吴成	64	67②	郑州大学历史学院考古系		
赵爱玉		84	赵西晨		69		93	94
赵宾福	4②	7	赵小帆		14	郑州市上街区文化新闻		
赵丙焕		65	赵晓华	3	38	出版局		92
赵 超	2	29	赵晓军		16	郑州市文物考古研究所		
	40	41		17③	61		24	87④
赵春燕		66	赵雅新		58		88②	89
赵丛苍		69	赵一新		82		90④	91②
赵德云		59	赵智强		38		98	99
赵东升		21	照那斯图	20	37	郑州市文物考古研究院		
赵冬生		36	浙江省文物考古研究所				45	92④
赵 丰	62②	63⑥		26③	27		93	94④
赵福生		66		28②	45	郑祖梅		61
赵桂芳		11		81⑩	82⑨	中国国家博物馆		109
赵化成		5	镇江博物馆		78	中国科学技术大学科技史与		
	6	35	郑 东		23	科技考古系		21
赵 辉	2	5	郑建芳		28	中国人民大学国学院西域		
赵家英		69	郑建明		11	历史语言研究所		
赵建朝		6		25	28		35	53
赵久湘		29	郑均生		14	中国社会科学院考古研究所		
赵力光	31	51	郑君雷		4			71

中国社会科学院考古研究所		周麟麟		21	朱俊英		59
河南一队	89	周双林		47	朱 磊		21
中国社会科学院世界宗教		周水利		42		43	47
研究所	54	周维林		21	朱良志		38
中国丝绸博物馆	62	周卫荣		55	朱 亮		46
"中国文物事业五十年"展		周晓陆	16	21	朱乃诚		58③
览筹展组	110	周晓薇		30	朱晓芳		74
中江县文物保护管理所	100	周 亚		16	朱学文		70
中山陵园管理局文物处	46	周 旸		63	朱延平		16
中央美术学院石窟艺术		周意群		17	朱玉麒		37
考察队	53	周裕兴		3	朱芸芸		6
钟 翊		82	周原博物馆	102②	朱章义		57
钟少异		60	周原考古队	68	朱郑慧		61
钟守华		33	周忠庆	103	朱仲岳		37
钟祥市博物馆		95	周庄土墩墓联合考古队	80	珠海市平沙文化科		97
钟晓青	46②	49	朱炳泉	16	驻马店市文物工作队		88
	53	54	朱凤瀚	3	祝中熹		4
钟 治	22	42		7	15②	庄浪县博物馆	17
周春田		61		17	35②	庄明军	50
周繁文		1	朱光亚		3	庄 岳	65②
周公太		31	朱 泓	4	5	涿州市文物保管所	71
周广济		69	朱继平		67	淄博市临淄区文物局	86
周 华		22	朱家溍		8	宗喀·漾正冈布	29
周建忠		11	朱建新		22	邹厚本	58
周 立	69	70	朱俊琴		48	邹晓松	23